스토리 *Story*

시장 경제

북오션은 책에 관한 아이디어와 원고를 설레는 마음으로 기다리고 있습니다. 책으로 만들고
싶은 아이디어가 있으신 분은 이메일(bookrose@naver.com)로 간단한 개요와 취지, 연락처
등을 보내주세요. 머뭇거리지 말고 문을 두드리세요. 길이 열릴 것입니다.

짜장면과 돌 반지에 담긴
스토리 시장경제
Story

초판 1쇄 발행 | 2012년 1월 15일
초판 2쇄 발행 | 2013년 1월 30일

지은이 | 한국경제교육연구회
펴낸이 | 박영욱
펴낸곳 | 북오션

경영총괄 | 정희숙
책임편집 | 이상모
편집 | 임은희 · 권기우
마케팅 | 최석진
표지 및 본문 디자인 | 서정희 · 최희선
법률자문 | 법무법인 명율 대표 변호사 **안성용**

주 소 | 서울시 마포구 서교동 468-2번지
이메일 | bookrose@naver.com
트위터 | @Book_ocean
페이스북 | bookocean
카 페 | http://cafe.naver.com/bookrose
전 화 | 편집문의 : 02-325-5352   영업문의 : 02-322-6709
팩 스 | 02-3143-3964

출판신고번호 | 제313-2007-000197호

ISBN 978-89-93662-59-7 (13320)

짜장면과 돌 반지에 담긴

스토리 Story

시장 경제

| 한국경제교육연구회 편저 |

북오션

짜장면과 돌 반지에 담긴 Story 시장 경제

우리나라 사람들은 영어를 중고등학교와 대학 과정에서 거의 10년 이상 학습했음에도 불구하고 길거리에서 외국인이 길을 물을 때 도망가곤 한다. 아마도 영어를 시험용으로만 배웠지 현실 생활에서 활용할 수 있는 지식으로 배운 바가 적었기 때문일 것이다. 그런데 시험을 위해 배우는 영어는 힘만 들 뿐 그것을 배우는 데 따른 즐거움을 느끼기 어렵다. 그러니 시험이 끝나면 그동안 배운 영어는 잊어버리기 쉽고, 길거리에서 외국인에게 길 하나 안내하지 못하는 쓸모없는 영어를 배우기 위해 10년을 허비한 꼴이 된 것이다.

경제 원리도 그와 별반 다르지 않은 상황이 아닌가 싶다. 학생들이 시험을 잘 보기 위해 경제 원리를 학습하면 개념이나 이론을 무조건 암기하고, 시험에서 좋은 점수를 받고 나면 잊어버리고 만다. 학생들은 왜 그런 개념이나 이론을 배웠는지, 그것이 현실경제에서 어떤 의미와 의의를 갖는지 이해하지 못해 배우는 즐거움을 알기 어렵기 때문이다. 따라서 현실경제나 정부의 경제정책에 대해서는 여전히 상식적 사고만 하기 때문에 쓸모없는 경제원리를 학습한 꼴이 되기 쉽다.

예컨대 탄력성 개념이나 탄력성 이론을 암기만 해서는 그 개념이나 이론을 배움으로써 따라오는 즐거움을 느끼기 어렵다. 만약 현실경제에서 정부가 고가 사치재에 특별소비세를 부과하는 사례와 연계해서 탄력성 이론을 강의하면 '특별소비세 과세 목적인 세금도 많이 징수하고 세금부담을 부자에게 전가하며 사치품 소비를 억제하려는 목적을 달성할 수 있을까' 하는 흥미로운 질문에 대해 답할 수 있다. 그러면 사치재 소비 감축에는 성공하겠지만 세수 증대 목표 달성에도 실패하고 세금부담을 부자들보다는 오히려 사치재를 만드는 회사의 노동자들에게 전가할 것이라는 상식적으로 이해하기 어려운 정책적 함의를 이해할 수 있어 현실경제의 정부정책에 대한 새로운 안목을 가질 수 있고 배우는 즐거움도 느낄 수 있다.

이처럼 사례 중심 강의는 학생들이 개념이나 이론을 현실경제에서 생생하게 접할 수 있게 만들어 준다. 따라서 개념이나 이론이 학자들의 지적 유희(intellectual exercises)에 불과한 것이 아니라 현실경제에 활용할 수 있는 실체적 학문임을 이해할 수 있고, 더불어 배우는 즐거움도 느낄 수 있다.

금번 한국경제교육연구회에서 시장 가격, 경쟁 등 시장경제 원리를 설명하는 역사적, 시사적, 국제적 사례를 대학생 수준에 맞게 구성해서 개념이나 원리를 잘 이해시킬 뿐만 아니라 배우는 즐거움도 갖게 하기 위해 'Story 시장경제'라는 프로젝트를 추진했고 이제 그 첫 번 결과물을 내어 놓는다. 시장경제원리를 시장경제 이야기, 시장과 정부, 재산권 보호, 법의 지배, 기업과 경쟁, 가격과 가격규제, 화폐금융, 노동, 개방과 세계화, 복지 총 10개의 카테고리로 구분해서 편집했다. 해당 분야를 강의할 때도 활용할 수 있을 것이다.

마지막으로 이번 프로젝트를 수행하는 데 수고한 자유기업원 김인혜 연구원에게 감사하고, 많은 도움을 준 연세대 행정학과 김종진 군에게 고마움을 전한다. 바쁜 시간을 할애해서 52편의 자료를 만드는 데 참여해준 한국경제교육연구회 30명의 회원에게 감사한다. 아무쪼록 이 책자가 시장경제원리를 강의하는 데 도움이 될 뿐만 아니라 학생들이 시장경제와 시장경제의 작동원리에 관해 올바른 시각을 갖도록 하는 데 기여하기 바란다.

2011년 겨울

필자들을 대표하여 손 정 식

 _목차

1장

시장경제 이야기

정부는 시장실패를 교정하려는 명분으로 규제를 시도한다.
하지만 정부의 규제는 오히려 정부실패로 돌아올 수 있으며
정부실패는 시장실패보다 더 큰 문제를 낳는다.
따라서 정보의 비대칭과 이로 인한 도덕적 해이와 역선택의 문제는
정부의 규제보다는 가능한 시장의 메커니즘으로 교정하는 것이 바람직하다.

자본은 노동의 친구

민경국 (강원대 경제학과 교수)

19세기 독일, 산업화로 빈곤에서 탈출하다

19세기 초·중엽의 독일은 빈곤이 보편적이었다. 많은 사람들이 빈곤을 독일의 자유주의 개혁과 산업화의 산물로 보고 산업혁명을 비판했다. 그러나 당시 독일 빈곤의 진짜 원인은 18세기 중엽부터 이미 100년 이상 누적된 인구증가 때문이었다. 전쟁과 전염병 그리고 기아 등으로 수백 년간 인구균형이 잡혔다가 18세기 중엽부터 다른 유럽 국가들처럼 독일도 인구가 급격히 증가했다.

독일의 인구

(출처: Wehler, 1987)

년도	인구	년도	인구
1700	16,000,000	1850	31,700,000
1750	18,000,000	1900	56,000,000
1800	24,500,000	1910	58,500,000

인구 증가로 경작할 토지와 연장이 부족하여 이런 자본을 갖지 못한 무산자(프롤레타리아)들이 생겨났다. 더구나 농업만으로는 증가하는 인구를 먹여 살리기에 역부족이었다. 독일 관리들은 빈곤의 극복을 이자 제한, 역내의 통관세, 거주 제한 그리고 특혜나 각종 인허가제를 완화 또는 철폐해 독일의 산업화가 가능해졌다.

우리가 다시 생각해 볼 것은 프롤레타리아와 빈곤자에게 일자리를 창출하여 그들을 살린 것이 자유경제와 산업혁명이었다는 것이다. 그래서 자본은 노동의 적이 아니라 노동의 생산력과 노임을 증대하는 중요한 요인이라는 점을 기억해야 한다.

19세기 영국, 자유무역으로 빈곤을 퇴치하다

영국은 1830년대 곡물 값이 매우 비쌌다. 실업자 수도 대단히 많았다. 100년 이래 가장 심각한 경제침체기였다. 빈곤이 확산되어 아일랜드에서는 수십만 명이 굶어 죽었다. 경제적으로 암흑 같은 시기였다. 왜 이 같은 빈곤이 생겨났는가?

사람들은 당시 영국의 빈곤을 자유무역과 산업혁명의 탓이라고 여겼다. 당시 흉작 탓이라고 말하는 사람도 있었다.

그러나 진정한 이유는 보다 깊은 데 있다. 그것은 보호주의 정책 때문이었다. 값싼 곡물을 수입하여 흉작을 쉽게 극복할 수 있었음에도 영국의 농업을 파산으로 이끈다는 이유로 수입이 금지되어 농산물의 자유무역이 이루어질 수 없었다. 지주들의 적극적인 곡물 수출로 곡물 부족은 더욱 악화되었다. 정부가 수출보조금으로 수출을 장려했기 때문이다.

보호주의는 빈곤층 확대는 물론 경제 전반에도 치명적인 영향을 미쳤다. 그럼에도 19세기 유럽의 빈곤과 기아를 자유주의와 산업혁명의 탓으로 돌리고 있다. 우리는 이 같은 암흑기를 야기한 것이 토지 소유자에게 특혜를 부여한, 낡은 봉건정책의 일환이었던 보호주의 입법 때문이라는 사실을 직시해야 한다. 보호주의 입법이 빈곤을 심화시켜 인간을 죽음으로 몰고 간 것이다.

1840년대 초의 곡물관세 철폐는 보호주의를 철폐하여 값싼 곡물을 수입하는 것이 그 같은 어려움을 극복하기 위한 효과적인 방법이라고 믿고 추진한 것이다. 영국은 곡물 이외에도 1,200개의 품목에 부과했던 관세를 완화 내지 철폐하여 자유무역시대가 열었다. 곡물 수입자유화는 농업의 파산을 야기한다는 우려는 한낱 기우로 끝났다. 빈곤도 점차 완화되기 시작했다. 자유무역과 함께 영국의 본격적인 산업화는 보편적인 번영의 시대를 열었다. 풍요를 구가했던 '빅토리아 시대'의 근본은 바로 자유주의였다.

자본은 노동의 친구

시장경제에 대한 가장 흔한 오해 중 하나는 19세기 자유주의와 산업혁명에 대한 것이다. 흔히들 19세기 빈곤과 프롤레타리아의 등장을 자유주의 개혁과 산업혁명의 결과라고 여긴다. 그러나 독일과 영국의 사례에서 볼 수 있듯이 산업화와 자유경제는 빈곤의 원인도 아니요, 프롤레타리아를 야기한 요인도 아니다. 실제로는 노동자들과 빈곤자들에게 일자리를 제공했고 그들이 경제활동을 통해 살린 것이 자유경제와 산업혁명이었다.

자본이 많이 축척될수록 임금이 높아진다는 사실은 이미 많은 통계를 통해 입증되었다. 자본은 노동의 적이 아니라 노동자들의 생산성을 높이고 임금을 올리는 중요한 요인임을 알아야 한다.

돌 반지와 사이먼의 내기

조영일 (연세대 명예교수)

석기시대가 사라진 것은 돌이 부족했기 때문일까?[1] 구리가 떨어져서 통신선로용 구리를 광섬유로 대체할 수밖에 없었나? 그동안 천연자원인 구리가 희소해져서 구리 가격이 급등했나?

천연자원의 희소성

『인구폭탄』의 저자 폴 엘릭과 『근본자원』의 저자 줄리언 사이먼이 천연자원의 희소성을 놓고 '내기'를 건 일이 있다. 1980년, 구리를 비롯한 다섯 가지 천연자원에 대해 각각 200달러씩 걸고 10년 뒤에 가격 차액만큼을 보상하기로 한 것이다. 이 내기에서 누가 이겼을까? 엘릭이 이길 것이라는 예상과는 정반대로 사이먼이 승리했다. 천연자원의 실질가격[2]이 절반 이하로 하락해서 엘릭이 사이먼에게 차액 576달러를 줘야 했다.[3]

사이먼과 엘릭의 내기

1980년 9월		1990년 9월
구리 크롬 니켈 주석 텅스텐	$200 × 5 = $1000 10년 →	실질 가격 $424 $576 하락
자유시장 거래 자원		엘릭 → 사이먼

일반적 예상과는 달리 천연자원의 희소성이 감소한 것이다. 지금은 상황이 달라졌을까? 2000년이면 고갈된다던 석유의 확인 매장량은 계속 증가하는 추세다. 석유도 명목가격은 상승하지만 실질가격은 상승하지 않았다.

---

1) The Stone Age did not die because we ran out of stones(Old joke)
2) Real value. 물가지수에 상대적인 가격
3) 사이먼-엘릭의 내기는 정부가 가격을 통제하지 않는 자유시장 경제 사회에서만 가능하다. 정부의 가격통제는 자원 희소성의 진상을 왜곡하기 때문이다.

1그램짜리 돌 반지와 짜장면

돌 반지를 만드는 금은 다른가? 한국 물가통제 대표적인 품목으로 짜장면 한 그릇 값은 1970년대 중반 150원에서 2011년 4,000원으로 약 27배 올랐다. 같은 기간에 금 1온스(31.103 그램) 가격은 100달러에서 1,670달러로 약 17배 상승했다. 짜장면이나 금은 모두 명목가격(nominal value)이 상승했지만 짜장면에 비하면 금의 실질가격은 이 기간 동안 약 3분의 2(17/27=0.63) 수준으로 하락했다.

과거에 한 돈짜리 돌 반지를 받은 사람에게 지금 돌 반지를 선물할 일이 있다면 금값이 '올랐다'면서 반 돈짜리나 1그램짜리를 해줄 것인가? 오히려 한 돈 이상의 돌 반지를 선물해야 정상이 아니겠는가?[4] 여기서 우리는 명목가치와 실질가치를 분명히 구분할 수 있어야 한다.

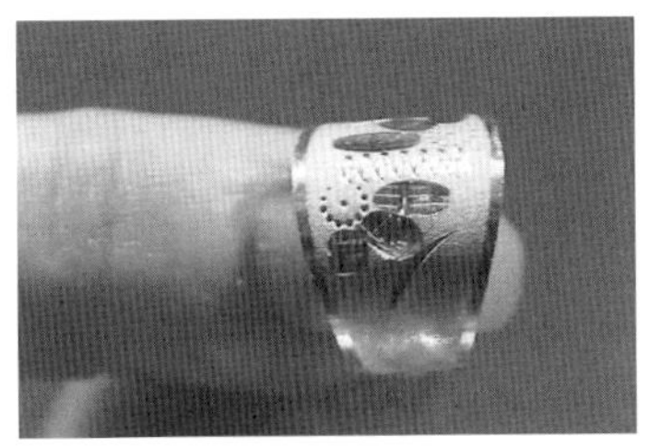

▲ 1그램짜리 돌 반지

4) 돌반지 사진
http://www.consumernews.co.kr/news/view.html?gid=main&bid=news&pid=258927

구리-광섬유-무선통신

우리에게 필요한 것은 구리 그 자체인가 아니면 구리의 기능인가? 더 편리하고 저렴하게 기능을 가진 물건으로 대체할 수 있다면 구리는 아무래도 상관없다. 통신선로용으로 구리 대신 광섬유를 개발한 이유가 바로 여기에 있다. 스마트폰은 아예 통신선로가 없는 무선통신이 아닌가?[5]

기술의 발전으로 천연자원의 희소성이 점차 극복되고 있다. 자원 사용량 자체가 줄어들고 대체 자원이 개발되고 있기 때문이다. 환경 영향 역시 감소하고 있다. 기술이 발전할수록 살기가 편해지고 삶의 질이 향상되며 생활환경이 개선되어 평균수명이 늘어난다.

---

5) 전화가 보급되지 않았던 1970년대 중반, 양도가 가능했던 '백색전화' 회선의 '권리금'은 부르는 게 값이었다.

가정상비약 슈퍼판매, 왜 이렇게 힘들까?

김종석 (홍익대 경영학과 교수)

대부분의 나라에서는 가벼운 감기나 소화불량 증상이 있을 때 복용하는 가정상비약을 편의점이나 슈퍼마켓에서 쉽게 구입할 수 있다. 그러나 우리나라에서는 가정상비약이라도 약국에서만 구입할 수 있다. 한 번쯤 밤에 갑자기 아플 때 약국이 문을 열지 않아 가벼운 증상에도 불구하고 응급실로 달려가거나 통증을 무작정 참아야 했던 경험이 있을 것이다.

그런데 최근 보건복지부가 처방전 없이 살 수 있는 일반 의약품을 슈퍼나 편의점에서도 판매할 수 있도록 하면서 찬반양론이 뜨겁게 대립하고 있다. 사실 이 논의는 최근의 일만은 아니다. 1990년대부터 슈퍼마켓연합회와 같은 사업자 단체, 일부 의사단체, 소비자 단체 등이 이 문제를 반복적으로 제기했다.

정부의 개입이 과연 최선일까?

일반의약품을 약국에서만 판매해야 한다고 주장하는 대표적인 단체는 대한약사회다. 대한약사회에서는 의약품을 일반 소매점에서 취급할 경우 국민들이 약물을 오남용할 우려가 있어 국민 건강에 해롭다는 점을 강조한다. 의약품은 국민 건강과 생명에 직결되기 때문에 우유나 채소와 같은 수준으로 판매되어서는 안 되고 반드시 면허가 있는 약사만이 취급해야 한다는 것이다.

이에 반해 판매를 허용해야 한다는 측에서는 심야와 연휴기간 중 대부분의 약국은 문을 닫지만 이럴 때 갑자기 감기몸살이나 급체 등으로 몸이 불편해지면 국민들의 건강을 위협할 수도 있다고 주장한다. 가벼운 증상에도 응급실까지 가서 치료를 받거나 통증을 그냥 참고 있어야 하니 말이다. 인근 편의점이나 슈퍼마켓에서 가정상비약을 구입할 수 있다면 그때그때 가벼운 증상을 치료할 수 있어 국민 건강과 편익에 많은 도움이 될 것이라고 강조한다.

한쪽은 국민을 위하기 때문에 팔면 안 된다고 주장하고 다른 쪽은 국민을 위하기 때문에 팔아야 한다고 주장하고 있다. 여러 차례 개최된 공청회와 언론기관 주최 토론회에서도 양측 모두 권위 있는 전문가들을 내세우며 자신들의 입장을 옹호했다. 모두 국민을 위하고 공익을 증진하기 위해서라고 주장하고 있지만 사실 이런 입장의 차이 뒤에는 사적 이해관계의 차이가 있음을 부인할 수 없다.

▲ 공청회 단상을 점거한 약사회 임원들 (사진출처: 매일경제신문)

실제로 정책은 어느 쪽 주장이 옳고 그르고를 떠나 결국 어느 쪽이 더 정치적으로 영향력이 있는가에 따라 결정된다. 다원민주주의가 발달할수록, 정부 정책 결정 과정에서 조직화된 이익집단의 이익이 분산된 대다수의 이익보다 우선하는 경향이 커진다. 이 사실은 조직화된 시민단체와 노동조합을 포함한 이익단체의 영향력이 점점 커지고 있는 한국 사회에 중요한 시사점을 제공한다. 민주주의가 성숙할수록 정책이 최대다수의 최대이익이 아니라 조직화된 이익집단의 이익보호장치로 전락하여 정부실패가 발생하는 것이다. 결국 조직화되지 못해 정치적 영향력이 없는 대다수 국민의 이익은 보호받지 못한다.

정부가 자원배분 과정에 개입해서 정치인과 공무원들이 공익의 이름으로 나눠 줄 수 있는 특혜와 이익이 많아질수록 조직화된 이익집단에게는 더 유리한 여건이 형성된다. 성공적인 민주화를 이루었다는 대한민국에서 왜 민주주의의 발전과 함께 공정과 정의 문제가 제기되는지 생각해 봐야 한다. 이익집단의 정치적 영향력 증대와 정치인들의 표만 의식하는 영합주의가 정부실패를 가져온 것은 아닌지 생각해 봐야 한다. 분산된 다수의 이익 즉 조직화되지 못한 얼굴 없는 유권자가 민주주의의 이름으로 희생되고 있는 것은 아닌지 살펴봐야 한다. 민주주의가 정착될수록 최대 다수의 최대 행복과 정의로운 사회를 위해, 정치인과 이익집단 그리고 공무원들이 자원배분에 개입하는 것은 최소화해야 한다.

나이롱환자는 왜 생길까?

송덕진 (자유기업원 기획팀장)

파산한 일가족 4명이 우연한 기회에 알게 된 보험의 허점을 이용해 보험사기를 펼치는 내용을 담은 우리나라 최초 보험사기 코믹영화 〈하면 된다〉가 있다. 집까지 압류당한 가족들은 달동네로 이사를 가고 포장마차에서 술을 마시며 아픈 속을 달랜다. 술에 취한 아버지는 용달차 뒤에서 소변을 보던 중 불의의 사고를 당하고 만다. 그러던 어느 날 집에 있는 통장을 확인하던 중 보험통장을 발견하고 해약할 목적으로 보험회사에 갔다가 보험금 500만 원을 받는다. 너무나 쉽게 큰돈을 만질 수 있다는 사실을 안 가족들은 각자 여러 가지 보험상품에 가입을 해 보험사기를 저지른다.

나이롱환자, 보험사기 공화국

　　　　　　　　　　우리나라 보험사기는 계속 증가하는 추세다. 2010년 기준으로 보험사기로 적발된 사람은 모두 약 6만여 명이며 그 피해액이 3,470억 원 규모에 이르지만 실제로는 훨씬 더 많은 보험사기가 우리 주변에서 일상적으로 일어나고 있다. 자동차의 단순 접촉사고로 병원에 드러눕기, 정비업체는 보험차량에 바가지를 씌우기, 건강보험의 허위 및 과잉 진료 등 새나가는 보험금이 연간 3조 원 규모에 이르러 대한민국은 '보험사기 공화국'이라 불릴 정도이다.

　　보험금을 더 타내기 위해 입원 치료가 필요 없는데도 병원에 있는 꾀병 환자를 소위 '나이롱환자'라고 부른다. 1970년대 이전에 나이롱(대부분 나일론을 나이롱이라 불렀음)이라고 하면 신소재로 아주 좋은 것의 대명사처럼 여겨졌는데 이후 다른 섬유들에 비해 저급하다는 것이 알려지면서 '나이롱'이라는 말은 안 좋은 품질의 대명사가 되었다.

　　최근에 한 보험회사가 1년간 전국 3,000여 개의 병원에서 교통사고 환자 입원 실태를 점검한 자료를 보면 입원환자 1만 7,000여 명 중 2,900여 명이 병실을 비우고 있어 속칭 나이롱 환자가 전체 환자의 17%이고 실제로는 이보다도 훨씬 더 많을 것으로 추산된다. 나이롱환자가 입원실을 차지하고 있다 보니 정작 진짜 아파서 입원해야 하는 환자들이나 응급환자들의 치료가 늦춰지는 부작용도 발생하고 있다. 뿐만 아니라 낮에 할 일을 다 하고 밤 늦게까지 술을 마시고 들어와서 병실에서 잠만 자는 나이롱환자들 때문에 주위 환자가 피해를 보고 상당한 보험료가 줄줄 새어나가고 있다.

정보의 비대칭, 도덕적 해이와 역선택으로 치솟는 보험료

보험사기 사건과 나이롱환자가 늘어나고 있는 근본적인 이유는 보험가입자와 보험회사 간의 정보의 비대칭 때문이다. 정보의 비대칭이란 당사자 중 어느 한 쪽이 다른 한 쪽에 비해 상대적으로 더 많은 정보를 가지고 있는 것을 말한다. 보험회사가 보험가입자의 의도나 상황을 정확히 알지 못해 정보의 비대칭이 존재하는 것이다.

정보의 비대칭이 존재하면 시장에서는 도덕적 해이와 역선택이 발생한다. 화재보험에 가입되어 있기 때문에 불조심에 덜 적극적이 되든지 상해보험에 가입되어 있기 때문에 위험한 활동을 더 적극적으로 하는 것이 도덕적 해이다. 정보의 비대칭을 이용해 보험사기를 치는 행위도 일종의 도덕적 해이다. 이와 같은 도덕적 해이가 발생하면 위험확률이 높아져서 보험료가 상승한다. 이때 보험료에 비해 자신의 위험도가 낮다고 판단하는 사람들은 보험료가 너무 높다고 생각해서 보험가입을 꺼려 하고 반면에 오히려 위험도가 높은 사람들이 보험에 가입하고자 한다. 이 과정이 반복되면 위험도가 극히 높은 사람들만 보험에 가입하는 결과가 나올 수 있다. 즉 우량 상품은 사라지고 불량 상품만 시장에 남게 되는 것이다. 이런 현상을 '역선택'이라고 한다.

보험사기를 치는 나이롱환자로 새어 나가는 막대한 보험금은 선량한 다른 일반 보험가입자의 보험료 인상으로 이어진다. 이 과정이 반복되면 마지막에는 보험사기를 치는 가입자들만 남게 될 것이다. 이러한 정보의 비대칭과 도덕적 해이, 역선택 때문에 보험시장에서 자원배분의 비효율성이 발생하고 결국 시장실패로 이어진다.

이를 해결하기 위해 정부는 시장실패를 교정하려는 명분으로 규제를 시도한다. 하지만 정부의 규제는 오히려 정부실패로 돌아올 수 있으며 정부실패는 시장실패보다 더 큰 문제를 낳는다. 따라서 정보의 비대칭과 이로 인한 도덕적 해이와 역선택의 문제는 정부의 규제보다는 가능한 시장의 메커니즘으로 교정하는 것이 바람직하다. 자기부담금 제도를 설정하거나 보험회사 간 가입자정보를 교환하는 장치를 마련하는 것은 시장 메커니즘을 이용하여 정보의 비대칭을 해결하려는 시도로 볼 수 있다.

세금을 줄이니까
정부재정이 늘어난다

민경국 (강원대 경제학과 교수)

미국에서 레이건 행정부(1981년~1989년)가 집권할 당시 상류층의 소득세율과 법인세율을 대폭 삭감하려고 했다. 그러나 미국 국민들은 조세삭감으로 부유층의 세금은 줄어들고 그 밖의 계층은 더 많은 세금을 내기 때문에 부유층을 위한 정책이라는 이유로 강력히 반대했다. 당시 노벨경제학상을 수상한 제임스 토빈(J. Tobin)까지도 앞장서서 조세삭감을 반대했다.

그러나 레이건 행정부는 고율과세로 위축된 기업가적 정신을 되살리는 것이 미국의 심각한 경제침체를 극복하기 위한 효과적인 방법이라고 확신했다. 부자들의 잔치라는 주장은 장기적 효과를 무시하고 단선적 사고에서 비롯된 것이라고 비판했다. 레이건 행정부는 반대에 굴복하지 않고 설득과 설득을 거듭하여 결국 감세정책을 단행했다.

이 정책의 결과가 매우 흥미롭다. 전체 납세액 대비 최상층 1%의 납세액은 1981년에는 18%였으나 1990년에는 25%로 급증했다. 1981년 최상위 계층 5%가 납입한 납세액 비중은 35%였지만 1990년에는 44%로 급증했다. 그러나 하위 50%의 납세 비중은 1981년 7%에서 1990년 6%로 감소했다.

조세삭감은 모든 계층의 경제적 번영에 기여

조세삭감은 부유층을 위한 정책이라는 주장은 여지없이 틀렸다는 것이 드러났다. 조세삭감으로 상위 계층의 조세부담이 늘어난 이유는 무엇인가? 그 이유는 간단하다. 부유층의 조세삭감 결과 일할 의욕이 증가했고 저축과 투자가 늘어나 과세할 소득도 증가했다. 그래서 조세납부액도 증가한 것이다.

레이건 행정부 집권기간의 경제적 성과를 보면 세수 증가를 가져온 이유를 어렵지 않게 알 수 있다. 레이건 행정부 이전에는 겨우 2% 내외의 경제성장률이 집권기간 연평균 4%로, 일자리도 1982년에서 1989년 사이에 2,000만 개나 창출했다. 10%에 육박하던 실업률도 1989년까지 연간실업률 5% 이내로 낮아졌다.

흥미롭게도 일자리 창출 가운데 연봉 33,000달러 이상의 고급 전문직종의 일자리 창출이 33.1%로 가장 많이 증가했다. 연소득

21,000 달러 이상의 기술직 일자리는 21.80%나 증가했다. 연소득 15,000 달러의 비교적 값싼 서비스직의 일자리는 16.8%가 증가한 반면에 13,000달러의 농업 일자리는 4%나 줄었다. 감세정책은 생산적이고 경쟁력이 있는 고급 일자리 창출에 중요한 역할을 한다는 것을 보여주는 수치다.

감세정책은 부유층은 물론 서민층의 소득 증가에도 큰 기여를 하고 있다(〈도표-1〉 참조). 최하위 20%의 소득이 12.6%나 증가하는 등 모든 계층의 소득이 10% 이상 증가했다.

〈도표-1〉 계층별 평균가계소득 변동률

(출처 : 민경국 2008)

년도	최하위 20%	하위 20%	중간층 20%	상위 20%	최상위 20%
1700~1982	−8.2%	−5.4%	−5.2%	−3.8%	−1.1%
1982~1989	+12.6%	+10.7%	+11.1%	+13.0	+20.5%

레이건 행정부의 조세삭감 정책으로 감세정책이 부자뿐만 아니라 모든 계층의 소득 증대를 가져온다는 인식이 확립되었다. 이런 인식은 전 세계로 확산되었다. 그 결과 독일, 스웨덴, 프랑스 등 유럽 국가를 비롯하여 캐나다, 뉴질랜드 호주 등에서도 조세삭감이 개혁 정책의 확고한 정치적 안건이 되었다.

레이건 정부의 감세정책이 우리에게 주는 교훈

우리가 직시해야 할 것은 오늘날 서구사회는 이제 더 이상 '조세국가(tax state)'가 아니라 '감세국가(tax-cut state)'라는 점, 1980년대 이후 서구사회가 누리는 번영은 조세부담의 완화 덕택이라는 점이다.

고소득자의 소득세율과 법인세율을 인하(22% → 20%)하면서 이명박 정부의 감세정책이 좌초의 위기에 처해있다. 감세는 세금을 내는 부자만을 위한 것일 뿐 저소득층에게는 어떤 혜택도 없다는 이유에서 야당은 물론 여당의 일각에서조차 반대하고 있기 때문이다. 많은 시민들도 반대 의견에 동조하는 듯하다. 그러나 감세가 세계적 조류임에도 이를 역행하는 한국의 정치권이 안타까울 뿐이다.

2장

시장과 정부

민간의 합리적 사익 추구 본능을 활용해서도
얼마든지 국민 세금을 더 쓰지 않고,
공무원도 늘리지 않고 공익을 달성할 수 있는 사례는 많다.
이것은 작은 정부 이념도, 신자유주의도 아니다.
최소의 비용으로 최대의 효과를 얻는
문제 해결을 위한 합리적 사고일 뿐이다.

시민안전은 손해보험이 책임진다

김종석 (홍익대 경영학과 교수)

1990년대 말부터 대도시 건물 옥상에 대형 전광판들이 크게 늘어나기 시작했다. 전광판들은 동영상이 가능한 첨단 장비로 점차 대형화되면서 그 무게도 함께 늘어났다. 무거운 대형 전광판들이 건물 옥상에 자리 잡으면서 공공 안전에 문제가 발생하기 시작했다. 만약 관리 소홀로 전광판이 떨어지기라도 하면 시민들이 죽거나 다치는 위험한 상황이 생길 수 있기 때문이다.

사고가 발생하면 당연히 건물 주인이나 전광판 주인이 배상을 해야 할 것이다. 그러나 문제는 사고가 난 시설물의 안전을 책임진 사람이 배상할 경제적인 능력이 없다면 시설물 설치를 허가한 지방자치단체가 배상을 해야 한다는 법원의 판결이 나왔다.

이 판결로 전국의 지방자치단체장들은 매우 충격적이고 부담스러워 질 것이다. 전광판뿐 아니라 지자체장의 인허가를 받아 설치된 모든 시설물의 안전을 지자체가 책임져야 한다고 볼 수도 있기 때문이다. 실제로 삼풍백화점 붕괴와 인천 호프집 화재사고 때도 지자체가 사망자에 대해 피해보상을 했다.

문제는 하루가 다르게 늘어나는 각종 대형광고물과 전광판을 몇몇 공무원들이 일일이 감시 감독할 수 없다는 점이다. 사고의 가능성은 나날이 증가하는데 감시 인력은 부족하고 지자체 재정 부족으로 사고에 대한 피해보상에 한계가 드러나고 있다.

이 문제를 해결하기 위해 1997년 대구시는 대형광고물을 건물 옥상에 설치하고자 하는 건물주나 광고주는 반드시 손해보험에 가입하도록 의무화했다. 사고가 나더라도 보험사가 피해보상을 하도록 해서 지자체 재정부담은 면해보겠다는 일종의 자구책이었다.

이 제도가 시행되자 예상 밖의 일이 벌어졌다. 손해보험사들이 손해보험에 가입한 시설물에 회사 직원들을 보내 안전에 문제는 없는지, 관리는 잘하고 있는지 감시하기 시작한 것이다. 문제가 있는 시설물에 대해서는 보험 가입을 거부하거나 재계약시 높은 보험료를 부과하기도 했다.

이 소식을 접한 대구시 시장은 상당히 놀랐다고 한다. 시 예산을 한 푼도 들이지 않고 인력 충원 없이 시내 모든 광고판을 정기적으로 점검할 수 있게 된 것이다. 이것을 본 당시 국무총리는 대구시의 시설물 손해보험 의무가입 조례를 정부개혁 모범사례로 기관표창하고 전국의 모든 지자체가 이를 시행하도록 제도를 개선하라고 지시했다. 그 이후 대형 광고판 사고로 손해배상을 책임지게 될 지도 모르는 손해보험회사는 오늘도 광고판의 안전과 관리 상태를 집중 감시하고 있을 것이다.

이 사례를 통해 손해보험회사 직원들이 담당 시설물의 안전을 점검하는 것은 시민의 안전과 공익을 보호하기 위한 것이 아니라 보험회사의 손실을 사전에 예방하려는 경영전략이라는 점을 알 수 있다. 사적 이익의 추구가 공익 증진으로 이어지는 '보이지 않는 손'의 역할을 한 것이다. 즉, 시장기능의 공익적 활용 사례라고 할 수 있다.

정부의 공익기능을 강조하는 구태의연한 논리대로라면 늘어나는 옥상 광고물 안전관리를 위해 광고물 안전을 감시하는 조직을 만들어 공무원을 고용하고 또 이들을 고용하기 위해 더 많은 세금을 거두어야 했을 것이다.

이 사례로 '공익은 반드시 공조직만이 보호할 수 있다'는 것은 사실과 다른 미신이라는 점을 알 수 있다. 위에서 볼 수 있듯이 민간의 합리적 사익 추구 본능을 활용해서도 얼마든지 국민 세금을 더 쓰지 않고, 공무원도 늘리지 않고 공익을 달성할 수 있는 사례는 많다. 이것은 작은 정부 이념도, 신자유주의도 아니다. 최소의 비용으로 최대의 효과를 얻는 문제 해결을 위한 합리적 사고일 뿐이다. 사회주의 중국과 베트남에서도 이와 같은 정부개혁을 추진하고 있다. 우리에게 부족한 것은 공무원이 아니라 발상의 전환이다.

에필로그 **하나**

東亞日報

2010년 01월 22일 금요일
A01면 종합

음식점 고시원 등 화재보험 의무화

19개 업종 다중이용업소 17만곳 대상 추진

소방검사는 폐지하기로

이르면 내년부터 극장이나 목욕탕 등 다중이용업소는 화재보험에 의무적으로 가입해야 한다. 그 대신 대표적인 민간 규제로 여겨지면 소방검사는 없어진다. ▶A16면에 관련기사

소방방재청은 화재 발생 우려가 높은 전국 다중이용업소 17만7114곳을 화재보험 의무가입 대상으로 지정하기 위해 올해 안에 다중이용특별법 시행령 개정을 추진하겠다고 21일 밝혔다. 다중이용업소는 공연장, 음식점, 제과점, 100인 이상 규모의 학원, PC방, 노래방, 산후조리원, 고시원 등 19개 업종에 걸쳐 있다.

방재청은 중장기적으로는 16층 이하 아파트나 11층 이하 건물, 총면적 3000m²(약 910평) 이하 판매시설 등 중소규모 건물도 화재보험 의무가입을 추진할 방침이다. 또 교육연구시설이나 대형 광고물 등으로 화재보험 의무가입 대상을 넓히기로 했다. 방재청 관계자는 "부산 사격장 화재처럼 대부분의 화재 원인제공자가 피해 보상 능력이 없기 때문에 사회 안전망을 강화하기 위해서는 화재보험 의무가입이 필수적"이라며 "국가정책 조정회의에서 논의됐고 관계부처와 협의를 하는 중"이라고 말했다.

화재보험 의무화 추진 대상 다중이용업소 19개 업종

식음료	바닥면적이 지하 66m² 이상 또는 지상 100m² 이상 음식점, 휴게음식점, 제과점
공연장	영화상영관, 비디오감상실, 비디오소극장, 게임제공업, PC방, 복합유통게임업
주점	유흥주점, 단란주점
오락 및 휴식 시설	노래방, 콜라텍, 화상대화방, 수면방, 목욕장
교육시설	100인 이상의 학원, 고시원
기타	산후조리원

방재청은 민간 보험사와 업주가 자율적으로 소방시설을 갖추고 화재 발생 시 보험으로 보상 문제를 해결하는 시스템이 도입되면 소방당국의 소방검사는 폐지할 계획이다.

하지만 다중이용업소 중 300m²(약 91평) 이하 규모 업소가 89%인 15만7556곳에 이르고 있어 자영업자들에게 추가적인 보험료 부담이 생길 것이라는 우려도 있다. 방재청은 "총면적 600m²(약 181평) 미만 건물이라면 연간 17만7000원가량의 보험료가 적정한 것으로 분석돼 큰 부담은 아니다"고 해명했다.

이동영 기자 argus@donga.com

▲ 관련기사

2009년에 부산의 한 실내 사격장에서 화재가 발생해 일본 관광객 등 10여 명이 사망하는 사건이 발생했다. 사격장이 손해보험에 가입하지 않았고 업주도 배상능력이 없어 결국 부산시가 피해 보상을 해주었다. 이 사건을 계기로 다중이용 시설의 안전이 사회문제가 되자 국회에서 화재보험법을 개정해서 2011년부터 화재보험 의무가입 대상이 크게 확대했다. 실내 사격장은 물론이고 영화관, 노래방, PC방 등이 의무 가입 대상으로 지정된 것이다. 손해보험사 직원들은 이런 곳에 화재발생 가능성은 없는지 오늘도 열심히 감시하고 있을 것이다.

제주도 도대불을 아시나요?

옥동석 (인천대 무역학과 교수)

제주올레 3코스 시작점, 온평포구에는 약 5미터 높이로 첨성대 모양의 도대불이 서 있다. 도대(道臺)불이란 소규모 등대로 '길을 밝히는 불'이란 뜻이다. 해가 질 무렵 뱃일을 나가는 어부들은 불을 켰고 아침에 배가 들어오면 불을 껐다고 한다. 1970년대 어촌마을에 전기가 들어오면서 도대불은 이제 더 이상 볼 수 없지만 당시에는 상어기름, 고기기름, 송진 등 다양한 연료를 사용하며 그 형태와 점등 기구도 다양했다고 한다.

도대불이 마을 어부들이 축조하여 점등 담당자를 두고 운영한 소규모 민간 등대를 의미하는 반면에 등대(燈臺)는 국가(또는 정부)가 축조 운영하는 대규모 콘크리트 등대를 말한다. 우리나라 최초의 등대는 1903년 인천 팔미도에 설치되었다고 알려져 있지만 도대불은 훨씬 이전부터 제주도에 존재했다. 제주도에서 도대불의 시설이나 터가 남아 있는 곳은 현재까지 확인된 데만 17군데라고 한다.

공공재라 하여 정부개입이 필수적인 것은 아니다

도대불이란 공공재가 가장 최근까지도 민간에 의해 자발적으로 축조 운영되었다는 사실은 정부개입을 전가의 보도처럼 생각한 사람들에게 신선한 충격이 아닐 수 없다. 도대불은 사용료(도대불의 축조 운영에 제공하는 노력)를 지급하지 않은 어부들도 불을 볼 수 있다. 즉, 사용료를 지급하지 않은 자를 배제하지 않고 또 많은 어부들이 동시에 똑같은 불을 볼 수 있으므로 경합적이지도 않다. 경제학에서 배제불가능성(non-excludability)과 비경합성(non-rivalry)을 가지는 재화를 공공재(public good)라 하는데, 많은 사람들은 공공재에 대한 정부개입이 불가피하다고 설명한다. 그러나 제주도의 도대불은 정부개입 없이 주민들이 자발적으로 생산하여 제공하고 있다.

많은 사람들은 공공성이 있는 재화와 서비스는 정부가 개입하여 제공해야 한다고 주장한다. 정부개입이란 사회적 요구들을 해결하기 위해 강제력을 동원하는 것을 말하는데, 왜 우리는 이러한 요구들을 자발적으로 해결하지 못하는가. 제주도의 도대불처럼 우리가 문제를 자발적으로 해결한다면 길을 밝히는 데 사용하는 연료를 알뜰하게 사용할 것이고 또 그 불빛에 항상 감사하는 마음도 가질 것이다. 그런데 정부가 등대를 운영하는 순간, 우리는 더 밝고 더 빛나는 불빛만을 원할 뿐 얼마만큼의 연료가 사용되는지 관심을 갖지 않고 또 그 불빛을 보편적 서비스로 간주하며 어느 누구에게도 감사하지 않을 것이다. 더구나 정부가 등대를 축조하기 위해 강제적으로 세금을 거두면 사람들은 세금을 피하러 어촌을 떠나거나 거짓말도 할 것이다. 또 등대 축조를 발주하는 과정에서는 부정과 부패가 만연될 수도 있다.

정부개입을 줄이는 꾸준한 노력만이 개인을 자유롭게 한다

그런데 도대불은 소규모 마을 단위로 축조 운영되었지만 국가가 대규모 등대를 건설하여 운영하면 규모의 경제 효과를 얻을 수 있다. 그러나 이때도 등대를 통해 이득을 보는 사람들이 그 비용을 자발적으로 부담하도록 하는 것이 정부가 강제적으로 세금을 거두는 것보다 더 나을 것이다. 또 획일적인 건설사업처럼 등대공사를 발주하는 것보다 그 수혜자들이 자발적으로 뜻을 모아 등대를 축조하는 것이 더 바람직하다.

물론 대규모 등대의 재원을 자발적 기여금으로 조성하는 것은 말처럼 그렇게 쉬운 일이 아니다. 그러나 우리가 이러한 노력을 쉽게 포기하고 강제력에 의존한다면 장차 더 많은 문제가 유발될 것이다. 사회적 요구를 해결하는 방법으로 가장 먼저 자발적 해결책을 생각

▲ 제주도 온평포구의 도대불

하고, 또 기존에 정부개입으로 해결했던 요구들도 자발적 해결책으로 전환하려는 노력이 필요하다. 이러한 노력은 작은 정부를 지향하며 사회 전반에 자율적인 시장기능을 확대하는 것인데, 이것은 결국 개인들을 보다 자유롭고 행복하게 만들어 줄 것이다.

민간 + 교도소?

현진권 (아주대 경제학과 교수)

2010년 12월 경기도 여주에 민간교도소가 생겼다. '민간'과 '교도소'는 서로 어울리지 않는 단어이기 때문에 민간교도소라는 발상은 우리에게 충격을 준다. 민간은 이윤으로 움직이는 경제주체이며, 교도소는 이윤과 전혀 관계없는 순수한 공공부문의 영역이기 때문이다. 여주의 민간교도소는 기업이 아닌 종교단체에서 건립했다. 이 일이 주는 의미는 공적인 성격의 재화라고 해서 반드시 공공부문에서 맡을 필요는 없다는 것이다.

교도소는 이론적으로 범죄자를 교화시켜 사회에 적응하도록 하는 기능을 가져야 한다. 그러나 실제로 교도소는 경범죄자가 중범죄자가 되는 기술을 배우는 장소가 되어 버렸다. 왜 그럴까? 공공부문에서 운영하는 교도소는 범죄자를 변화시키기 위한 어려운 작업을

해야 할 동기가 없기 때문이다. 법정에서 판결한 기간 동안 사회에
서 격리시키는 형식적이고 단순 기능만 하는 것이 훨씬 편하기 때문
이다.

공공부문은 결코 좋은 일만 하는 천사가 아니고 관료라는 사람들
로 이루어져 있으며 이들은 일반 사람들과 똑같다. 즉 공익보다 사익
이 앞선다는 것이다. 범죄자를 교화시키는 것이 공익을 위해 좋지만
어려운 작업을 해도 본인에게 돌아가는 이익은 없기 때문에 공익보
다 사익이 앞서는 것이다. 공공부문이 모두 나쁘다는 것이 아니고 사
실을 직시해야 한다는 것이다. 그래야 공공부문이 커지는 것을 막을
수 있기 때문이다.

사익을 앞세우는 공공부문의 비효율성

종교단체에서 운영하는 여주의 민
간교도소는 범죄자의 교화기능을 강조한다. 종교가 인간에 대한 교
화기능을 가지는 만큼 종교단체가 운영하면 공공부문보다 훨씬 효과
적으로 목적을 달성할 수 있을 것이다. 우리는 민간교도소를 시작하
는 단계이지만 브라질에는 민간교도소가 많이 존재한다. 실제로 공
공부문과 민간부문이 공존하는 교도소의 성과를 비교해 보면 공영
교도소의 재범률은 75%였으나 민영교도소는 4%였다. 민영교도소에
서 재범률에 따라 수익구조를 다르게 책정한 것이 재범률을 낮출 유

인이 작동했다. 반면 공영교도소는 이와 같은 유인구조를 만들기가 상대적으로 어렵다.

공공부문은 항상 공익을 앞세우지만 실제로는 민간영역과 같이 사익을 추구하는 집단이라고 해도 과언이 아니다. 공익을 앞세워 많은 일을 하겠다고 해당 부처의 예산을 많이 확보하려고 한다. 부처예산은 부처의 자리 수를 결정하고 민간을 통제하는 힘을 나타낸다. 부처 예산이 많아지면 승진할 기회가 더 많이 생기고 민간의 로비가 많아져 그들의 사익을 높일 수 있기 때문이다. 그래서 공공부문은 마치 몸집을 키우려는 괴물과 같다. 민간이 하던 일도 공익을 앞세워 공공부문으로 영역을 넓히려 한다. 그러나 공공부문은 민간에 비해 훨씬 비효율적이다. 민간부문에서는 이윤과 손실이라는 메커니즘이 작동하기 때문에 효율적일 수밖에 없지만 공공부문은 효율적으로 일할 유인이 없다. 단지 사고만 나지 않으면 된다.

교도소는 범죄자를 교화시켜 재범이 발생하지 않도록 하는 기능을 해야 한다. 그러나 우리의 현실은 반대다. 공공부문은 교도소의 공적기능에는 관심이 없고 교도소를 많이 만들어 소장 등의 자리만 많이 만들어 낸다. 그래서 공공부문은 자꾸 덩치만 키우려는 유인만이 작동하는 것이다. 이로 인해 바로 '큰 정부'가 탄생한다.

공공부문이 커지면 그만큼 세금을 많이 거두어야 한다. 세금은 일하는 사람과 기업을 힘 빠지게 한다. 세금 때문에 민간경제의 활력은 떨어진다. 이를 돈으로 환산하면 적게는 세금액의 30%, 많게는

160%를 차지한다. 배보다 배꼽이 큰 격이다. 결국 큰 정부가 되면 세금이라는 비용과 공공부문의 사업 비효율성이라는 두 가지의 사회 비용을 치러야 한다.

국가가 부강하려면 작은 정부로 가야

정부는 작아야 한다. 정부를 통한 사업의 경제적 비용이 민간보다 훨씬 높기 때문이다. 또한 정부가 일을 맡으면 항상 민간이 경쟁하지 못하도록 규제를 강화한다. 민간은 규제를 피해 로비를 할 수밖에 없고 이는 다시 공공부문의 사적 이익을 높인다. 공공부문은 계속 커지고 민간부문은 작아진다. 이는 곧 국가경제의 퇴보를 의미한다. 국가가 부강하기 위해서는 공공부문을 억제해야 한다. 전통적으로 정부 역할이라고 생각했던 교도소도 민간에 의해 이루어지는 세상이다. 공공영역과 민간영역으로 나누어 공식처럼 나열했던 사고에서 벗어나야 한다. 공공부문은 사업 자체가 문제라기보다 사업을 통해 야기되는 경제적 부작용이 너무 크다는 것이 문제다. 공공부문의 많은 사업을 민간부문에서도 담당할 수 있다. 이것이 '작은 정부'로 가는 길이며 국가가 부강해지는 길이다.

대한민국은 고시공화국이다

황수연 (경성대 행정학과 교수)

수많은 젊은이들이 사법시험, 행정고시 등 각종 고시를 준비하는 데 엄청난 시간과 노력을 투입하고 있다. 2011년 기준 사법시험 응시자는 약 20,000명, 5급 시험 응시자는 약 16,000명 정도이다. 두 시험은 최종 합격하기까지 몇 십 대 일의 경쟁을 뚫어야 하고 심지어는 몇 백 대 일에 이르는 극심한 경쟁률을 보이는 시험도 있다. 고시생들의 수를 정확하게 파악하기는 어렵지만 시험에 응시하지 않은 수험생들까지 고려할 때 그 인원이 굉장할 것임을 짐작할 수 있다. 나라의 젊은 인재들이 고시 공부에 매달리고 있는 대한민국은 고시공화국이다.

수많은 사람들이 많은 노력과 시간을 고시 공부에 투자하는 데는 그만한 이유가 있다. 힘들지만 합격만 하면 안정된 직장, 많은 월급,

큰 권력과 명예가 보장되기 때문이다. 변호사 등은 고시라는 높은 진입 장벽 때문에 공급량이 수요량보다 적다. 이들이 제공하는 서비스는 수요보다 공급이 적어 높은 가격을 형성하니 젊은이들이 한 번 도전해 보고 싶은 것이다.

만연한 지대 추구

이러한 고시 열풍은 경제학에서 '지대 추구(rent seeking)'라고 부르는 현상의 한 예다. 지대 추구란 정부가 부여하는 독점권을 얻기 위해 민간 경제주체들이 비생산적인 활동에 경쟁적으로 자원을 낭비하는 현상을 지칭하는 말이다. 특정 경제주체가 면허 취득 등을 통해 독과점적 지위를 얻고 나면 별다른 노력 없이 초과 수익, 즉 지대를 얻을 수 있다. 반면 다른 사람들은 그들이 아무리 생산적인 기업가라 하더라도 그 부문에 진입할 수 없다.

고시생들이 많은 시간 어렵게 고시 공부를 하는 것은 정부가 극소수에게만 허용하는 독점권을 얻기 위해서다. 인가·허가·면허 등을 통해 정부로부터 독점권을 획득하기만 하면 이후 높은 초과 수익을 얻을 수 있다. 그래서 그 독점권을 얻고자 돈, 시간, 노력, 건강 등 많은 자원을 지출하는 것이다.

사람들이 지대 추구 활동을 하면 사회 전체의 효율은 크게 떨어진다. 시장에서의 생산 활동은 소비자에게 그 혜택이 돌아가지만, 지대 추구 활동은 생산은 늘리지 못하면서 자원만 사용하여 사회에 손실이 발생한다. 제조업 월 평균 임금이 대략 300만 원이고 금융업이 대략 470만 원이라고 한다. 머리 좋은 수험생이 시험 공부하는 것의 기회비용은 월 500만 원은 될 것이다. 수많은 젊은이들이 고시 공부를 하고 있는 동안 생산 활동을 하지 않아 그만큼 사회적으로 생산이 줄어든다.

물론 이것은 고시생들의 잘못이 아니다. 우리 모두는 잠재적 지대 추구자다. 정부가 면허 시험에 통과하여 면허를 취득하면 시장 가격 이상의 수입을 올릴 수 있다면 생산적인 활동에 종사하기보다는 고소득, 직업 안정, 기타 특권을 얻을 수 있는 시험공부를 하는 데 시간과 자원을 투자하는 것이 더 합리적일 것이다. 뿐만 아니라 정부가 경제에 개입하여 민간의 자유로운 경제 활동을 위축시키고 있는 상황에서는 기업에 취직하여 생산 활동에 종사하려고 해도 취업의 기회가 충분히 주어지지도 않는다.

지대 추구를 막기 위하여

수년 전에 어느 과학 부문 노벨상 수상자가 시험 때문에 브라질이 못산다고 말한 적이 있다. 우리나라도 더 잘살 수 있는 기회가 시험 때문에 줄어들고 있다. 대한민국은 시험공화국이다. 사법 시험·5급 공무원 시험 외에도 7급 공무원 시험·9급 공무원 시험·지방 공무원 시험, 공인회계사·세무사·공인중개사·주택관리사·공인노무사·감정평가사 등의 자격시험, 이 밖에 갖가지 시험에 합격하기 위해 구름 같은 인파가 신림동과 각지의 학원가에 모여 든다. 오래 전부터 대학이 고시 학원으로 바뀌었다는 비판을 받고 있다.

그렇다면 이것을 어떻게 해결해야 할까? 우선 면허 제도를 인증 제도로 바꾸어 지대 추구의 길을 봉쇄해야 한다. 면허 제도가 없으면 질 나쁜 서비스가 시장에 공급될 것이라고 우려하는 사람들도 있다. 그러나 시장에 벤츠 승용차가 있어야 하듯이 값싸게 살 수 있는 중고 자동차도 있어야 한다. 첫째, 면허증이 없어도 개업할 수 있게 하고 정부 대신 소비자가 서비스에 대한 평가와 선택을 하도록 해야 한다. 둘째, 정부의 역할을 줄여 작은 정부를 구현해야 한다. 정부는 국방, 외교, 치안, 사법 등 꼭 필요한 일만 하고 이를 위해 꼭 필요한 만큼만 공무원을 채용하여 정부를 운영해야 한다. 정부의 역할이 작아지면 공무원들의 수와 역할이 줄어들어 수험생들이 공무원이 되기 위해 지대 추구하는 일이 그만큼 줄어들 것이다.

대통령의 야단에 나갔던 전기가 들어오나?

신중섭 (강원대 윤리교육학과 교수)

정전사태 무엇이 문제인가

대통령이 화가 단단히 났다. "여러분은 형편없는 수준이다. 저 후진국 수준"이라며 "전기를 끊더라도 끊을 데를 끊어야지 병원도 끊고, 엘리베이터도 끊고, 중소기업도 끊어서 공장도 쉬게 하냐. 그러니 국민들의 분통이 터지는 것"이라고 했다. 또 "이렇게 무작위로 끊어버리는 것은 기본이 안 된 것"이라며 "당신들은 잘 먹고 잘 자고 하니까 수요가 올라간다고 (그냥) 끊어버리겠다고 이런 생각하는 거 아니냐"라고 야단치고 나서 "나는 이런 이상 기온에서 전기 수요가 늘어나는 데도 할 일도 안하고 전기만 끊는 안일한 사고가 아주 불쾌하다. 나는 돌아가겠다"라며 책상을 치고 자리를 떴다. 2011년 9월 16일 이명박 대통령이 한국전력본사를 방문하여 지식경제부와 한전, 전력거래소, 발전소 책임자를 모아놓고 35분간 15일 정전 사태를 질책하면서 한 이야기다.

2011년 9월 15일 사상 초유 대규모 정전 사태가 발생했다. 늦더위로 전기 사용량이 갑자기 늘어나 송전과 배전을 통제하는 한국전력거래소의 초대형 스크린에 나타난 전력 수요 곡선이 갑자기 수직으로 치솟고 있었다. 오후 3시가 되자 예비전력이 사상 최저인 343kW까지 떨어졌다. 400kW 미만으로 떨어지면 비상상황에 돌입한다. 전력거래소 지휘부는 지금까지 경험해보지 못한 상황에 당황하여 대규모 정전 사태를 막기 위해 아무 예고 없이 일부 지역에 전기를 강제 차단했다. 이런 상황에 지식경제부의 사전 승인을 얻어야 한다는 비상 매뉴얼도 잊었다. 한전의 비상 단전으로 5시간 동안 162만 가구가 대혼란을 겪었다. 엘리베이터에 갇힌 사람도 속출했고 거리의 신호등 불도 꺼져 대혼란이 일어났다.

상황이 이렇게 되자 책임 소재를 놓고 논쟁이 일어났다. 한국전력거래소 이사장은 광역 단위의 정전으로 번지는 것을 막기 위한 최선의 조치였다고 항변했다. 더 큰 파국을 막기 위한 선제 대응이었다는 것이다. 그는 현재 대응 매뉴얼이 구식이라는 점을 지적하면서 이상 고온을 제대로 예측하지 못한 기상 예보를 탓했다. 언론은 사상초유의 강제 단전을 겪은 지 24시간도 지나지 않아 다시 전기를 펑펑 쓰고 있는 가게, 백화점, 마트, 빌딩, 가정을 비판했다.

가격 왜곡이 부른 재앙

무엇 때문에 이번 단전이 발생했는가? 대통령의 지적대로 전기 관련 기관의 무책임과 도덕적 해이 때문인가, 한국전력거래소 이사장의 지적처럼 낡은 매뉴얼과 잘못된 기상 예측 때문인가, 전기를 펑펑 쓰는 낮은 시민의식 때문인가. 이것도 저것도 아니면 초가을의 이상기온 때문인가 아니면 더 근본적인 원인이 있는가?

이번 단전 사태의 주요 원인 가운데 하나는 저렴한 전기값 때문이 아닐까 싶다. 우리 나라 전기요금은 너무 싸다. 2009년 1kW 당 전기 요금은 우리나라가 83원, 미국이 115원, 영국이 184원, 일본이 202원이다. 우리나라의 낮은 전기 요금은 시장원리에 따라 책정된 것이 아니라 정부가 정한 가격이기 때문에 문제가 발생한다.

우리나라의 원가에도 못 미치는 낮은 전기요금이 전기 에너지 소비를 왜곡시키고 있다. 사람들은 전기 요금이 싸기 때문에 냉방이든 난방이든 전기 제품만 사용한다. 경유 값이 올라가면 사람들은 경유가 아닌 전기로 난방을 한다. 정부의 전기값 통제가 에너지의 상대가격을 왜곡시키고 있다. 과거 10년간 등유 소비량은 50% 감소했지만 전기 소비량은 56% 증가했다.

전기값이 싸기 때문에 선풍기 대신 에어컨을 사용한다. 그리고 부채를 부치지 않고 선풍기를 튼다. 값싼 정부 정책이 더위와 추위라는 자연 현상에 대처하는 사람들의 행동 양식을 바꾸는 것이다.

우리나라의 이런 현상은 통계로도 명확히 알 수 있다. 우리나라의 GDP 대비 전력 소비량은 OECD평균의 1.7배 수준이다. 1인당 전력 소비량도 다른 나라보다 높다. 소비자들은 전기 절약의 필요성을 별로 느끼지 못한다. 전기 소비자들은 전기값이 싸다고 좋아하지만 그것을 그냥 내버려 둘 수는 없다.

전기요금도 시장원리 따라야 한다. 우리나라에 전기를 독점적으로 공급하고 있는 한전은 적자에 허덕이고 있다. 한전은 2008년 이후 3년 연속 적자로 차입금이 17조 원이나 늘었다. 판매 단가를 총괄원가로 나눈 원가 보상율은 2011년 86%에 지나지 않는다. 100원어치 팔면 14원을 손해 보기 때문이다. 한전의 2011년 총괄원가는 46.9조 원인데 전기 판매 수익은 40.4조 원에 불과하다. 6조 5000억 원이 부족하다. 이 손해는 언젠가 결국 국민의 세금으로 전가된다.

이번과 같은 예상하지 못한 단전을 피할 수 있는 가장 좋은 방법은 전기를 공공재로 규정하여 정부가 독점적으로 관리할 것이 아니라 전기료를 현실화하여 시장 가격에 맡기는 것이다.

로널드 코스가 살아있다

임병인 (충북대 경제학과 교수)

내가 위층에 산다면?

○○시의 한 아파트로 이사 온 김 씨는 위층에 사는 30대 부부와 다섯 살, 세 살 된 아이들 때문에 잠을 제대로 이루지 못해 괴로운 나날을 보내고 있다. 아이들이 밤늦게나 새벽까지 뛰어다니며 '쿵쿵' 소리를 내자 김 씨는 위층으로 올라가 양해를 구했다. 위층 부부는 "미안하다"라는 말만 반복할 뿐 매일 같은 일이 반복되고 있다. 아파트 관리사무실에 하소연해도 층간 소음에 주의하라는 방송만 내보낼 뿐이었다.

이때 위층 부부는 어떻게 해야 할까?

"로널드 코스(R. Coase)가 살아 있다"[6]

위의 사례에서 본 밤잠을 설치게 하는 아파트 층간 소음, 대낮에 골목길에서 울리는 물건 사라는 확성기 소리, 한여름에 아무 생각 없이 집 밖에 내놓은 쓰레기봉투에서 나는 역한 냄새 등과 같이 우리들은 남에게 작지 않은 피해를 주면서 살아가고 있다. 그러면서도 피해에 대하여 경제적인 보상을 해주려고 하지 않는다. 심지어 피해를 주었다고 생각조차 하지 않는다. 이와 같이 어떤 사람의 행위가 자신이 아닌 제3자들의 경제적 후생에 영향을 미치면서도 그에 대한 보상을 해주지 않는 현상은 '외부성(externalities)' 이라고 한다.

아파트 층간 소음에 대한 대응방법으로는 설득, 이해 요구, 무시, 사과, 약간의 향응 제공 등이 있을 것이다. 이 중 완전하지는 않지만 '약간의 향응' 이라는 경제적 보상이 다른 방안보다 더 큰 효과를 발휘할 것이다. 아파트 층간소음을 가격으로 환산하여 아래층 주민에게 적절하게 보상했다면 소음 피해자들은 이상하리 만큼 인내심을 발휘할 것이다. 소음 피해 유발자도 소음을 보상했기 때문에 이전보다 마음도 더 편해질 것이다. 소음이 재화로 바뀌어 가격으로 거래되면서 서로에게 충분히 보상되었기 때문이다.

최근 들어 알게 모르게 많은 외부성 사례가 시장체계로 편입되는

---

6) 로널드 코스는 재산권 설정이 확실하고 관련 경제단위가 적어 외부성에 의한 상호관계가 분명하고, 외부성에 대한 거래비용이 무시할 만큼 적어야 하며, 각 경제단위는 전체이익을 위해 다소간의 이기심을 자제해야 한다는 등의 가정하에서 "외부성으로 인해 영향 받는 모든 이해당사자들이 자유로운 협상을 통해 정부개입 없이도 효율적인 자원배분을 이룰 수 있다"는 코스 정리를 주창했다.

내부화 경향이 증가하고 있다. 여기서 정부개입 없이도 시장이 추구하는 효율적인 자원배분이 달성될 수 있음을 간파한 로널드 코스가 살아있음을 느끼게 된다. 외부성의 내부화, 이것이 시장의 자기증식 능력을 키우고 있다.

외부성을 시장기능을 통해 내부화하려는 노력은 위 사례와 같이 민간에서 자발적으로 발생하고 있지만 정부가 마련해 놓은 '제도'라는 울타리 안에서도 다양하게 이루어지고 있다.

예를 들어 김포공항 인근 주민 30,351명이 국가를 상대로 낸 항공기 소음피해 손해배상청구소송에서 235억 1,100만원 배상판결을 받아냈고(2009년 10월 9일 서울남부법원 판결), 서울중앙지법 민사합의 14부의 판결로 강릉 군비행장 피해 주민들에게 258억 원, 수원비행장 인근 주민들에게 480억 원, 광주비행장 인근 주민들에게 215억여 원 등 군비행장 소음피해에 대한 손해배상이 그 예이다.

아쉬운 점은 주민들이 소송을 위해 적지 않은 비용을 부담했다는 것인데 이와 관련하여 정부가 거래비용의 최소화를 위해 다양한 노력을 기울이고 있다. 중앙환경분쟁조정위원회의 설치와 피해배상액 산정기준이 좋은 예이다. 동 위원회는 생활소음과 진동으로 인한 피해배상액을 2010년 대비 30% 인상하여 기준초과 정도가 5~10데시벨(db)이고 피해기간이 한 달 이내일 때 소음의 경우 배상액은 1인당 221,000원, 진동은 111,000원이고 소음과 진동이 동시에 기준을 초과하면 배상액이 많은 쪽에 30%를 가산하고 있다.

3장

재산권 보호

북한 식량난에 대한 최선의 해결책은
정치적 자유와 경제적 사유재산제도다.
북한이 기아로부터 벗어나는 길, 아니 빈곤으로부터
해방되는 길은 식량 지원을 받는 것보다
사유재산제도를 바탕으로 자유로운 거래를 허용하는
시장경제제도를 도입하는 것임을 확실히 인지하여
대북정책을 추진해야 한다.

조선의 조선인과
연해주의 조선인

좌승희 (서울대 경제학부 겸임교수, 경기개발연구원 이사장)

19세기 말 조선을 방문했던 영국의 이사벨라 비숍 여사는 『조선과 그 이웃 나라들』에서 조정의 도움으로 인력거를 타고 한강을 따라 북으로 50여 리를 여행한 소감을 다음과 같이 기술하고 있다. 백성들이 농사를 제대로 짓지 않아 잡초가 무성하고 게을러 보였다. 그런데 알고 보니 농토는 모두 나라의 소유라서 높은 소작료를 납부해야 할 뿐 아니라, 만에 하나 농사를 잘 지어 수확이 좋거나 돈을 모았다는 소문이 나면 탐관오리들은 물론 동내의 양반이라는 사람들이 몰려와서 돈이나 쌀을 꾸어달라는데, 말이 꾸어달라는 것이지 꾸어주면 갚지도 않고 요구에 응하지 않으면 매일 아침 불려가 곤장을 맞기도 했다.

그러니 농민들 입장에서는 자칫 농사가 잘되어도 화를 면치 못할

판이니 그저 굶어 죽지 않을 정도로만 농사를 짓는 것이 화를 면하는 길이었다. 이런 형편은 어촌도 마찬가지이고 수공업자들도 마찬가지였다. 돈을 벌었다 하면 오히려 화를 자초하게 되니 돈을 열심히 벌기보다는 오히려 가난을 무기로 삼고 있었다. 내 노력의 대가를 내가 안전하게 소유할 수 있는 재산권이 보호되지 않으니 열심히 일할 동기가 없었던 것이다.

그런데 그녀는 여행을 계속하여 러시아의 동쪽 끝인 연해주 지방을 여행했다. 당시 러시아는 동진정책의 일환으로 연해주를 개발하기 위해 중국인과 조선인들에게 거의 개방하다시피하고 있었다. 그래서 그 지역에는 2만 명 가까운 조선유민들이 러시아인이나 중국인들과 같이 정착하고 있었으며 이 유민들이 그 후 스탈린의 이주정책으로 중앙아시아로 강제 이주당한 우리 동포들이다.

그런데 그녀는 여기서 놀라운 현상을 발견한다. 저잣거리에 가면 장사를 잘하는 사람들은 대체로 조선 사람들이고 그들은 농촌에서 농사를 너무나 부지런하게 지어 윤택한 삶을 누리는 것은 물론 촌장을 투표로 선출하고 생활규칙을 만들어 주민들에게 엄격하게 시행하는 사법제도를 운영하는 등 민주적 자치제도까지 시행하고 있었다. 그리고 그녀의 기록에 의하면 여기서 만난 조선 남자들이 어떻게나 당당한지 영국 남자들에게서나 볼 수 있는 남자다운 모습에 전혀 손색이 없어 보였다는 것이다.

어떻게 그렇게 게을렀던 사람들이 어떻게 영국신사 같은 당당한 모습으로 탈바꿈하게 되었을까? 원인은 바로 재산권 제도의 차이에 있었다. 당시 러시아는 유민들에게 다음과 같은 정책을 시행했다. 처음에 들어오는 조선유민들은 거지나 다름없어 관의 도움으로 연명하다가 옥수수씨앗을 차입하여 농사를 지었는데 사실상 토지를 개간하여 무단점거 했다. 그러나 러시아 정부는 이들이 수확을 통해 빚을 갚고 더 많은 수확을 올려 토지를 구입했을 때 개인들이 자기 토지를 소유할 수 있도록 허용했고 10년 정도가 지나면 주민자격도 부여했다.

고향에서 핍박받던 무산자(無産者)들이 이제 자기 소유의 땅을 가지고 노력한 만큼 소출을 낼 수 있는 기회가 주어지면서 너도 나도 더 많은 땅을 사기 위해 노력했고, 이것이 바로 게을렀던 조선유민들을 세 나라 사람들 중 가장 부지런하고 윤택하며 당당한 사람들로 다시 태어나게 만들었던 것이다. 즉 개인 재산권은 바로 각 개인에게 열심히 일할 동기를 부여하는 마술인 셈이다.

오늘날 북한 주민들이 배고픔 문제를 해결하지 못하고 있음도 개인 재산권을 보장하고 있는 자본주의 대한민국과는 달리 개인 재산권이 허용되지 않는 공산주의 체제하에서 열심히 일할 동기가 없기 때문이다.

북한 주민이 부자되는 법

최광 (한국외국어대 경제학과 교수, 前 보건복지부 장관)

1980년 대 초반까지 식량난에 허덕이다 벗어난 중국의 경험은 북한에 좋은 교훈이 된다. 중국이 기아선상에서 헤맨 것은 모택동의 공산혁명으로 전통적 영세농이 집단농장으로 강제로 편성되었기 때문이었다. 평소 인민의 배고픔을 가슴 아파하던 등소평이 하이에크 (Hayek) 교수를 만나 중국이 기아에서 어떻게 벗어날 수 있을지 물었을 때 하이에크 교수의 처방은 농지의 사유화와 경작물의 사유화였다. 중국이 하이에크 교수의 충고를 그대로 받아들여 시행했더니 3년 만에 식량 부족과 기아 문제가 해결되었다고 한다.

식량난에 허덕이는 북한

　　　　　　　　　　　　김일성은 1차 7개년 계획을 시작한 직후인 1962년 북한 주민들에게 "이 계획이 완료되면 쌀밥에 고깃국을 먹고 비단옷을 입으며 기와집에서 살 수 있을 것"이라고 약속했다. 그로부터 반세기가 지난 오늘까지도 그 가운데 어느 하나 이루어지기는커녕 수백만 명의 주민이 기아로 목숨을 잃었고 먹을 것을 찾아 벌판을 헤매고 있다.

　북한 식량 부족의 근본적 원인은 사유재산권과 선택의 자유가 허용되지 않는 사회주의 계획경제체제 때문이다. 농민이 생산을 증대시키려면 동기 부여가 되어야 하는데 북한의 사회주의경제는 이러한 동기를 부여하지 못했다. 1954년 북한은 토지개혁을 실시하면서 개인 소유의 토지를 몰수해 모두 국가 소유로 만들었다. 생산된 농산물 또한 공산당국이 모두 가져가므로 북한 주민들은 굳이 열심히 일해서 생산량을 늘릴 필요성을 느끼지 못했다. 그 결과 점차 전체 농산물 생산량이 감소해서 북한은 만성적인 식량 부족에 허덕이고 있다.

　북한의 식량난은 잘못된 정치제도에서도 원인을 찾을 수 있다. 북한은 정치적으로 인민민주주의를 채택하고 있지만 실제 북한 인민들의 의사에 따라 이루어지는 민주적 의사결정 시스템이 없다. 북한 지도자는 자신의 뜻에 따라 나라의 정책을 결정하고 있어 인민들에게 가장 필요한 식량이 아닌 핵무기 개발 등에 자원을 낭비하고 있는 것이다.

식량난을 해결하는 최선의 방법은?

북한 식량난에 대한 최선의 해결책은 정치적 자유와 경제적 사유재산제도다. 북한이 기아로부터 벗어나는 길, 아니 빈곤으로부터 해방되는 길은 식량 지원을 받는 것보다 사유재산제도를 바탕으로 자유로운 거래를 허용하는 시장경제제도를 도입하는 것임을 확실히 인지하여 대북정책을 추진해야 한다. 또한 북한 주민들의 진정한 의사가 당국이 정책을 결정하는 데 반영되도록 자유민주주의 정치제도를 도입해야 한다.

코끼리를 보호하는 진짜 방법

전용덕 (대구대 무역학과 교수)

케냐 정부는 코끼리를 보호할 목적으로 코끼리 사냥을 금지하고 코끼리 가죽과 상아의 거래를 불법화하고 단속했다. 그러나 케냐 정부의 이런 조치에도 불구하고 10년 동안에 코끼리의 수는 약 65,000마리에서 약 19,000마리로 크게 감소했다.

그러나 짐바브웨는 케냐와 전혀 다른 정책을 실시했다. 짐바브웨 정부는 코끼리 서식지의 주민들에게 코끼리를 분양해주고 사유재산으로 인정해 주었다. 그 결과 짐바브웨에는 약 110,000마리의 코끼리가 살고 있는 것으로 조사됐다. 코끼리 수가 급증하자 짐바브웨 정부는 상아와 코끼리의 매매를 허용했고 연간 5,000마리의 사냥 쿼터도 허용했다. 이제 정부는 코끼리 개체수를 줄이기 위하여 도축도 허용했다.

공유의 비극과 재산권[7)]

어떻게 두 나라에서 이렇게 다른 결과가 나타났는가? 케냐는 '공유의 비극'에 빠져 그 결과 코끼리의 수가 점차 줄어들고 있는 것이다. 케냐 정부가 코끼리의 가죽과 상아의 거래를 불법화하자 코끼리 가죽과 상아의 가격이 크게 상승했다. 코끼리의 소유권과 재산권이 확립되어 있지 않는 상태에서 코끼리 가죽과 상아 가격의 상승은 코끼리의 밀렵을 촉진한 것이다. 단속을 피할 수만 있다면 밀렵으로 얻은 이득은 모두 밀렵꾼 또는 사냥꾼에게 돌아가기 때문이다. 밀렵꾼은 코끼리가 자신의 재산이 아니기 때문에 코끼리의 사육과 보호에는 관심이 없다. 오로지 관심이 있는 것은 정부의 단속을 피해 코끼리를 밀렵하여 코끼리의 가죽과 상아를 채취하고 그것을 높은 가격을 받고 파는 일이다. 요약하면 케냐에서 코끼리는 공유 재산이기 때문에 소위 말하는 '무임승차' 문제로 공유의 비극이 발생했고 그 결과 코끼리의 개체 수는 빠르게 감소했다.

짐바브웨는 케냐와 달리 먼저 코끼리의 소유권을 인정해줘 코끼리의 개체 수가 증가하자 코끼리에 대한 재산권을 점차 확립했으며 재산권을 확장하는 방향으로 재산권 정책을 펼쳤다. 코끼리의 가죽과 상아가 거래를 통해 높은 가격을 받을 수 있다는 것을 알고 있는

---

7) 엄밀히 말하면 재산에 대한 소유권이 먼저 확립되고 그런 재산의 획득·사용·처분에 대한 권리를 규정한 것이 재산권이다. 그러나 여기에서는 소유권과 재산권을 유사한 것으로 취급하여 혼용한다.

코끼리 소유자나 사육자들은 코끼리의 사육에 많은 정성과 노력을 기울였다. 코끼리 사육 두수가 증가하면서 코끼리의 가죽과 상아야 말로 짐바브웨 주민의 주요 소득원이 된 것이다.

사실 짐바브웨의 생태계 규모로는 약 47,000마리가 수용 한계치라고 한다. 짐바브웨에서 코끼리 사육 두수가 한계치의 두 배가 넘도록 코끼리 사육이 가능하게 된 것은 전적으로 소유권과 재산권의 확립되어 있기 때문이다. 요약하면 짐바브웨 정부는 코끼리의 사유화를 통해 공유의 비극을 피할 수 있었고, 재산권 확립을 통해 코끼리의 가죽과 상아의 거래를 허용했으며 그 결과 코끼리 사육 두수가 빠르게 증가했다.

인간 권리로서의 재산권

코끼리를 효과적으로 보호하기 위해서는 사냥 금지와 단속보다는 코끼리에 대한 재산권을 확립하고 보호해야 한다. 물론 이 일은 정부가 해야 한다. 재산권의 확립과 보호는 인간의 생명과 재산에도 중요하다는 것은 의심의 여지가 없다. 그러므로 정부는 자신이 개인이나 집단의 소유권과 재산권을 보호한다는 명분으로 오히려 파괴하거나 침해하는 일이 없는지를 언제나 신중히 살펴야 한다.

더 나아가 재산권은 '인간의 권리(human rights)'를 판단하고 보호하는 일과 연관되어 있다.[8) 그 점을 살펴보기로 하자. 두 가지 점에서 재산권은 인간의 권리와 동일하다. 첫째, 재산은 인간에게만 발생하고 그 결과 재산에 대한 권리 즉, 재산권은 인간 존재에 속하는 권리다. 둘째, 인간 자신의 신체나 자유에 대해 가지는 개인적인 권리는 그 자신에 대한 재산권일 뿐만 아니라 인간의 권리다.

그러나 이 두 가지 점보다 더 중요한 것은 인간의 권리를 재산권이라는 관점에서 이해하고 해석하지 않으면 그 권리는 모호하고 모순적이고 더 나아가서 공공정책이나 공공의 이익을 위한다는 이유로 인간의 권리를 약화시킬 것이라는 점이다. 현대 사회에서 국가나 제3자에 의해 권리의 침해가 광범위하게 일어나고 있는 것은 재산권이 사물을 판단하고 분쟁을 해결하기 위한 기준으로 사용되지 않아 권리의 절대성과 명확성이 상실되고 있기 때문이다. 한마디로 인간의 권리를 판단하거나 보호하고자 할 때 재산권이 기준이 되어야 한다는 점을 명심해야 한다.

---

8) 인간의 권리에 대한 예로서는 표현의 자유가 있다. 현재까지 사법부는 대체로 인간 권리의 일종인 표현의 자유가 재산권과 독립한 것처럼 다루고 있다.

사과포장을 보면 재산권이 보인다

김이석 (자유기업원 객원연구위원)

사과 상자를 열면 대개 크기가 비슷한 사과들이 그림에서와 같이 엉덩이처럼 홈이 파인 마분지 틀 속에 가지런히 앉아 있다. 그 틀 덕분에 사과는 운송 도중에 흔들리더라도 서로 부딪혀 상하지 않는다. 특히 과일이나 채소는 상하기 쉬워서 특별히 관리해야 한다. 혹시 성한 것 속에 상한 것이 들어가면 성한 것마저 빨리 상하기 때문이다. 이는 농부들뿐만 아니라 많은 사람들에게 상식에 속한다.

그럼에도 불구하고 사회주의 계획경제가 실행되던 구소련의 농장을 방문했던 미국의 농부들은 그곳에서 이런 상식에 벗어나는 일이 버젓이 자행되는 것을 보고 놀랄 수밖에 없었다. 그 농장에서는 상한 과일이나 채소를 골라내지 않고 성한 과일 속에 그대로 포장했기 때문이다(토머스 소웰(서은경 역),『시티즌 경제학』물푸레, 2002, pp.

306~312).

사과 주인이 있느냐 없느냐

왜 이런 일이 벌어졌던 것일까? 왜 구소련의 농장에서는 이런 상식에 벗어난 일이 벌어지는데 우리나라에서는 사과 고정 틀까지 만드는 것일까? 이는 우리나라에는 사과의 주인이 있는데 비해 구소련 계획경제 아래에서는 그렇지 않았기 때문이다. 사과 주인이 없다보니 소비자들이 가장 좋아하는 사과를 생산하려는 동기를 지닌 사람도 없고 또 생산된 사과를 소비자들에게 가장 가치가 있도록 관리해서 더 많은 돈을 벌고자 하는 동기를 지닌 사람도 없었기 때문에 이런 일이 일어난 것이다.

　물론 사회주의 계획경제에서도 농장관리인이 있다. 그러나 그가 농장의 주인은 아니다. 그에게는 사과 몇 상자를 생산하라는, 중앙계획당국으로부터 할당된 목표량을 달성하는 것이 중요할 뿐이지 소비자들이 그 사과를 어떻게 평가하는지, 맛이 있다고 생각하는지는 중요하지 않다. 성한 것만 엄선해 포장한다고 해서 자신의 이윤이 높아지는 것도 않으며 또 상한 것을 같이 포장하는 잘못을 저지더라도 자신의 손실로 귀결되지 않기 때문이다. 까다로운 품질검사로 동료 농장노동자들을 괴롭히고 싶지도 않고 문책을 당하지 않기 위해 주어진 목표량을 반드시 달성하는 것만이 중요할 뿐이다. 이런 상황에서 상한 사과가 성한 사과와 함께 포장되는 것은 별로 놀라운 일이 아니다.

　사회주의 계획경제는 실패했는데, 시장경제체제가 성공할 수 있었던 가장 중요한 이유 중 하나는 바로 다른 사람들이, 즉 여기에서는 사과 소비자들이 더 가치 있게 여기는 것을 그 품질이 더 좋으면서 값은 싸게 공급할수록 그 자신도 성공할 수 있게끔 유인 구조가 설계되어 있기 때문이다. 그래서 한마디로 시장경제란 남들에게 잘 봉사할수록 자신도 성공할 수 있도록 해 놓았기에 천사와 같은 이타심을 가지지 않은 보통 사람들도 자신의 성공을 위해 남의 필요를 잘 만족시키려고 노력한다. 집단농장에서처럼 과수원과 사과가 집단의 소유일 때에는 그런 유인 자체가 만들어지지 않는다. 사과나 사과를 생산하는 과수원에 소유주를 확정하는 사유재산권이 존재해야 그 주인은 이를 남으로부터 가장 높은 평가를 받는 방식으로 이용하고자 노력한다. 남을 잘 돕는 것이 스스로를 돕는 것이 되기 때문이다.

또 다른 사례들

이와 유사한 사례는 무수히 많다. 소유주가 없는 공유 목초지에서 목축업자들이 자신의 소들에게 먼저 더 많은 목초를 먹이려고 경쟁하는 바람에 목초지가 금방 풀이 자라지 않는 황무지로 변하는 사태(공유지의 비극)나 누구의 것도 아닌 공유자원인 바다에서 남획이 벌어져 물고기들이 씨가 말라 어장이 황폐화되는 사태도 사유재산권이 형성되지 못해 자원이 낭비되는 고전적 사례들이다. 아이슬란드에서처럼 거래가 가능한 일정량의 특정 어종의 물고기를 잡을 수 있는 어획권을 창출해서 이를 어부들에게 배정하자, 어업은 일약 부를 창출하는 업종으로 변모했고 겨우 생존하기에 급급했던 어촌에서 백만장자가 등장하기도 했다.

우리가 흔히 접하는 사례로 공중화장실이 별로 깨끗하게 관리되지 않는데 비해, 사유재산인 쇼핑몰의 화장실은 잘 청소되어 있는 것을 들 수 있다. 깨끗하게 유지하지 않으면 손님들이 그 쇼핑몰을 기피하기 때문이다. 갈브레이스 같은 경제학자도 공공시설이 잘 관리되지 않는다는 것을 알고 있다. 그러나 아쉽게도 그는 되도록 공공부문의 사유화를 통해 사람들의 유인 구조를 바꾸자고 제안하지 않고 오히려 세금을 더 많이 거두어 공유 성격의 공공시설에 더 투입하자고 주장했다(『풍요한 사회』노택선 역, 한국경제신문사 2006).

앞에서 살펴본 것처럼 사유재산권은 부자들의 물질적 토대를 합리화해주기 위한 상부구조가 아니다. 부자이든 가난한 사람이든 사람들이 여러 용도로 쓰일 수 있는 희소한 자원을 가장 가치 있는 용도로 쓰고자 노력하게 만드는 데는 사유재산권 제도가 필수적이다. 경제적 번영은 이렇게 끊임없이 자원들을 가장 가치 있는 용도로 사용한 결과 나타나는 현상이다. 사유재산권 제도가 부자들의 부를 쌓아주는 것도 사실이지만, 경제적 궁핍으로 인해 가장 고통 받는 계층이 가난한 사람들이라면 누구로부터도 침해받지 않도록 사유재산권을 보호하는 것은 무엇보다도 가난한 사람들에게 유리한 제도다. 사유재산권은 부자들만을 위한 제도가 아니다.

최신형 공용컴퓨터를
본 적이 있는가?

변양규 (한국경제연구원 거시경제연구실장)

내가 근무하는 곳에서도 다른 곳과 마찬가지로 공용컴퓨터가 설치되어 있다. 그런데 공용컴퓨터는 대부분 최신형이 아니다. 항상 개인이 2년 정도 최신형 컴퓨터를 쓰다가 새 컴퓨터를 사면 예전 것을 공용컴퓨터로 전환한다. 그런데 왜 공용컴퓨터 중에는 최신형 컴퓨터가 없을까? 그 이유는 마치 우리 모두의 것은 그 누구의 것도 아닌 것처럼 공용컴퓨터는 소유권이 불명확하기 때문이다. 내 컴퓨터가 아니기 때문에 그 누구도 제대로 관리할 유인이 없는 것이 바로 공용컴퓨터의 운명이다. 그래서 최신형 컴퓨터를 공용컴퓨터로 사용하지 않는 것이다.

또 이런 예도 있다. 가끔 친구들과 술 한잔하게 되면 항상 안주만 집중적으로 먹는 친구가 있다. 흔히 말하는 안주발만 세우는 친구다.

"

가끔은 미워 보이기도 한다. 그 친구에게 왜 항상 안주만 먼저 먹느냐고 물었더니 아주 명쾌한 답이 돌아왔다. "너 경제학 박사 맞니? 술잔에 있는 술은 내 것이지만 안주는 우리 모두의 것이잖아." 바로 그거다. 그 친구는 사적 재산권이 보호되는 술은 안전하다는 것을 알기에 언제 없어질지 모르는 안주부터 먼저 먹으려고 한 것이다.

시장경제원리는 정상적으로 작동할 때는 그 자체만으로도 완벽에 가까운 원리이지만 정상적으로 작동하기 위해서는 몇 가지 여건이 조성되어야 한다. 그중 가장 핵심적인 여건은 바로 사적 재산권의 보호다. 사적 재산권의 보호가 불명확하다면 그 누구도 스스로를 위해 현명한 의사결정을 내리려고 하지 않을 것이다.

내 것은 귀하게 소중하게 다루지만 공용 컴퓨터는 내 것도 아니고 여러 사람이 같이 쓰므로 잘 관리할 유인도 책임도 느끼지 못하는 것이 사실이다. 따라서 사유재산권 설정과 보호가 중요하다. 사유재산권을 부여하면 사람들은 자기 것을 스스로 아끼고 보호하고 소중하게 여겨 자신을 위해 행동하지만 결국에는 사회 전체적으로도 이득을 가져 온다.

이런 시장경제원리하에서 인간은 자율과 자기 책임을 가지고 자신의 이익을 위해 자유로운 의사결정을 한다. 이와 같은 자유로운 의사결정은 상당히 무질서하고 무계획적으로 보이지만 모두 아는 것처럼 '보이지 않는 손'은 우리에게 풍요로움을 안겨준다.

사적 재산의 보호는 경쟁의 제한과는 다른 것

사적 재산의 거래를 인위적으로 막는 것은 사적 재산의 보호와는 다르다. 약 2,500년 전 터키 남서부에 있던 그리스의 코스 섬에 히포크라테스가 살았다. 그의 사망 이후에도 이 섬에는 많은 의사들이 있었기 때문에 환자 유치전이 치열했다. 이런 경쟁에서 스스로를 보호하기 위해 히포크라테스의 제자들이 만든 것이 바로 히포크라테스 선서다.

현대판 히포크라테스 선서를 보면 "나는 내가 배운 지식을 다른 의사들과 기꺼이 공유하겠습니다"라는 내용이 있다. 그러나 이는 히포크라테스 선서 원본과는 다소 다르다.

원본을 보면 "나는 내가 배운 의술을 내 아들과 스승의 아들 그리고 이 선서를 한 학생들에게만 전수하고 다른 누구에게도 전수하지 않겠습니다"라고 되어 있다. 즉 공부를 통해 사적 재산이 된 의술을 함부로 거래하지 않겠다는 내용으로 현대판 진입장벽과 같은 것이다.

이는 동기부여를 위해 사적 재산을 보호하는 것과는 다르다. 이는 진입장벽을 설치해 다른 집단으로부터의 경쟁에서 자신들의 이윤을 보호하겠다는 것이다. 사적 재산의 보호와 사적 재산의 거래 제한은 엄연히 다르다는 점을 바로 인식했으면 한다.

이상에서 살펴본 것처럼 사적 재산의 보호 경쟁을 통해 획득한 재산의 보호는 인간의 행동을 바꾸는 동기유발의 기능을 한다. 시장

경제원리가 제대로 작동하기 위한 여건으로 사적 재산의 보호가 필
요한 것도 바로 이런 이유다.

인센티브는 몸치도
춤추게 한다

송계충 (충남대 경영학과 교수)

중국에서 개방정책이 실시되기 전 어느 마을에서 흉년이 들 때마다 당국의 곡식 배급량이 부족함을 경험한 농민들이 이웃 마을과 다음과 같은 약속을 맺었다. 두 마을이 당국이 주는 비료 외에 추가 비료를 구매 투입하고 이전보다 두세 배 열심히 농사를 지어 예년 수확량을 훨씬 넘는 산출물을 만들어내되 당국에는 예년 수확량만큼만 납부하고 나머지는 숨겨두었다가 배급량이 줄어들 때에 꺼내어 사용하기로 한 것이다. 만약 한 마을이 이를 들켜 잡혀가 처벌을 받으면 약속한 이웃 마을에서 잡혀간 마을 자녀들을 돌보기로 했다. 결국 이들 중 한 마을이 당국에 들켜 잡혀갔고 이런 사정이 농부 출신의 혁명지도자 덩샤오핑에게 보고되면서 농민의 이윤보장 정책이 수립되었고 종국에는 자유 시장경제 개혁의 단초가 되었다.

성과급의 작동원리

공산주의는 국가가 생산수단을 소유하고 산출물을 계획적으로 만들어내어 국민들에게 필요한 물자를 평등하게 배급하는 경제체제이고, 자본주의는 국민들의 자유로운 선택과 경쟁에 의하여 생산수단을 개인이 소유하며 일한 만큼 보상을 받는 경제체제다. 아담 스미스(Adam Smith)는 『국부론』에서 자본주의 체제가 인간의 본성인 '개인 이익의 추구'라는 관점과 가장 가깝고 궁극적으로 보편적 풍요를 창출하게 된다고 예언한 바 있다. 그렇다면 '개인 이익의 추구'가 어떻게 보편적 풍요를 가져오는가?

강화이론(reinforcement theory)에 의하면 업적이 높은 사람에게 인센티브를 주지 않으면 개인이익에 반한다고 생각하기 때문에 만족도가 떨어지고 차기 업적도 낮아진다. 반대로 업적이 낮은 사람에게 인센티브를 주면 대단히 만족하나 차기 업적은 역시 낮아진다. 후자의 경우에 사람들은 죄책감이나 미안함을 느껴 차기 업적을 높이기보다 오히려 업적이 낮아도 인센티브는 계속된다는 이기적 생각에서 무사안일로 빠져든다. 이것은 업적의 높고 낮음을 따지지 않고 평등한 배급을 주는 공산주의 체제에서의 하향평준화적 업적-보상 관계에 해당된다.

한편 업적이 높은 사람에게 인센티브를 주면 개인 이익과 일치하기에 만족도가 올라가고, 칭찬은 고래도 춤추게 하듯이 차기 업적은 당연히 높아진다. 반대로 업적이 낮아 인센티브를 안 주면 불만족할 것이나 업적과 보상의 관련성을 인식하여 차기에는 일을 더 잘하는 게 인간의 본성과 일치한다. 물론 능력이 없는 사람에게는 능력개발의 기회가 주어져야 하고, 그렇지 못하면 명예퇴직이나 해고 등의 방법으로 방출된다. 이것은 차등적 성과급을 통하여 확대재생산 즉 보편적 풍요를 꾀하는 자본주의 경제체제에 해당된다.

성과급 이용하기

부도위기에 몰린 3D 업종에서 조립 공정별 독립채산제를 실시하는 소사장 제도를 도입하여 회사를 회생시킨 사례나 대기업의 월급쟁이 연구원들을 분사시켜 창업하도록 하는 사례는 성과급의 작동원리를 응용한 것이다. KEDO의 북한 경수로 사업 당시 우리 근로자들을 위한 선술집을 운영하던 접대원들이 항상 밤 9시 칼 퇴근했다. 그런데 북한당국이 2002년 이윤을 인정하는 신경제규칙을 시행한 후부터는 양주 1병 판매에 1불씩의 인센티브를 벌기 위해 밤늦게까지 일했다는 사례도 성과급 작동의 사례이고 북한 공산주의도 이로 인해 무너졌다.

자유 시장경제에서의 기업은 생산성 향상을 통한 확대재생산이 전제되어야 이윤과 고용창출이 가능하다. 조직의 80%를 먹여 살리는 20%의 스타 플레이어들에 대한 인센티브 부여와 업적 미달자에 대한 불만족스러운 자극을 주는 성과급은 인간 본성에 맞는 자본주의 경제체제의 핵심이다. 다만 성과급 산정의 절차가 민주적이어서 모든 이해관계자들이 승복하는 절차적 정의가 전제되어야만 성과급이 분배적 정의로서 성공적으로 작동할 것이다.

인클로저 운동과
부동산 이야기

최승노 (자유기업원 대외협력실장)

사람들의 삶은 크고 작은 혁신을 통해 조금씩 나아진다. 결정적으로 중요한 혁신이 있었는데 바로 농업혁명과 산업혁명이다. 워낙 급격한 변혁이라서 혁신이라는 말로는 부족해 혁명이라고 부른다.

토지를 활용하는 문제도 여러 번의 혁신이 있었다. 기술 발전을 통해 토지의 생산성을 높이기도 했고 제도 개선을 통해 토지를 더 가치 있게 사용하기도 했다. 인클로저 운동이라는 새로운 방식의 도입은 토지활용을 획기적으로 높인 역사적 의미를 갖는다.

인클로저 운동으로 토지 활용도 높여

18세기 영국의 농촌지역에서 모직

물공업이 발전하는 과정에서 농지를 목장용지로 바꾸는 일이 벌어졌
다. 양모생산이 수익을 얻는 데 더 유리하다 보니 농경지를 양치는
목장으로 전환하게 된 것이다. 인클로저 운동은 땅에 울타리나 담을
쳐 땅의 경계를 분명히 하는 행위이다. 이는 땅을 공유지로 함께 쓰
지 못하도록 막아 자연히 다른 사람이 땅을 사용하기 어렵게 만든다.

땅의 경계가 분명해지는 것은 재산권의 명확한 설정을 의미한다.
인클로저 운동은 여러 차례 이루어졌는데, 전반적으로 땅의 사용을
효율적으로 만들었다. 이 시기는 농업혁명의 시기와도 일치한다. 인
클로저 운동으로 경작효율이 증가하여 농업 토지의 생산성도 높아졌
다. 이로 인해 늘어난 식량공급은 농촌의 인구가 도시인구로 전환하
는 데 바탕이 되었다. 도시인구의 증가는 공업의 발전에 필요한 노동
력을 제공했으며, 산업혁명의 바탕이 되었다.

새로운 변혁에는 늘 기득권을 지키려는 논리나 정치적 반격이 나
온다. 인클로저 운동을 저지하려는 정치적 시도도 나왔다. 농민의 이
농 현상을 저지하기 위한 정부의 규제가 실행되었지만 시대적 흐름
을 막지는 못했다.

땅을 낭비하지 않기 위해 토지 규제 풀어야

인클로저 운동이 오늘날 우리 사회
에 시사하는 바는 무엇인가? 토지의 활용 가치를 더 높이기 위한 방

안을 고려해야 한다는 점이다. 현재 우리나라는 용지규제가 지나칠 정도여서 사회주의 계획경제 수준이다. 필요한 용지를 정부가 배급하는 방식이다. 대부분의 분야가 산업화 과정을 통해 합리성이 높아졌지만 토지에 대한 규제는 여전히 전근대적 수준이다.

현재 농업용지로 사용할 토지와 다른 산업의 용지로 사용할 토지를 철저히 구분한다. 또 농업용지는 절대적으로 벼농사 용도로만 사용해야 하는 토지와 밭농사로 사용할 토지로 구분한다. 철저하게 구분된 토지용도 규제로 땅의 효율적 사용이 철저히 봉쇄된 상태다.

도시용 택지공급은 정부가 용도변경을 허락해야만 늘어날 수 있다. 택지공급을 정부가 독점하고 있는 것이다. 이러한 정부주도의 독점은 시장의 가격에 따라 택지가 공급되기보다는 정부의 정치적 판단에 따라 공급되는 문제를 야기한다. 온탕과 냉탕을 반복하는 부동산 시장의 특성이 바로 정부의 독점에 의해 야기되고 있는 것이다.

새로운 산업이 발전하면 땅의 사용은 늘어나기 마련이다. 농업에 지나치게 많은 땅을 사용하도록 강제하는 규제는 땅의 효율적 사용을 억제하고 땅의 가치를 낭비하도록 만든다. 토지의 용도를 규제하여 가치를 떨어뜨리고 부가가치 창출을 억제하는 것은 새로운 산업 발전을 저해하고 일자리 창출을 더디게 만든다.

부동산 자원의 합리적 사용을 위해서는 생산요소의 하나인 토지를 자유롭게 사용할 수 있도록 용도규제를 풀어야 할 것이다. 국토의 20% 정도 토지를 농지로 쓰도록 강제하지 않는다면 우리나라의 땅은 그렇게 부족하지 않다. 산업용지로 활용하고 도시용지로 활용할 수 있는 토지가 넉넉해야 우리의 삶도 풍족해진다.

　재산권을 지나치게 제한하는 부동산 관련 규제를 해소하는 것이 토지의 현대적 활용을 가능케 하는 일이다. 재산권에는 소유권, 처분권, 사용권 등 다양한 개념이 들어 있다. 토지에 대해 사용권을 지나치게 제한하는 일은 이제 해소되어야 한다. 과거에는 인구의 80% 이상이 농민이었지만 지금은 농업과 농촌의 비중은 절대적으로 줄어들었고 식량난을 걱정해야 하는 시대는 지나갔다.

4장

법의 지배

시장경제는 '법치'를 주요 원리로 내세운다.

이와 관련하여 마거릿 대처 전 영국 수상은 이렇게 썼다.

"나는 자유로 인해 무정부 상태가 되어서는 안 된다는 신념을 갖고 있다.

자유는 법에 의해 만들어진다(freedom is the creature of law).

그렇지 않으면 인간은 야수(野獸)가 될 것이다."

'조폭 서비스'가
시장에서 거래되는 이유

김인규 (한림대 경제학과 교수)

우리나라의 조직폭력(조폭 : 組暴)은 성공한 비즈니스다. 한국형사정책연구원의 2007년 연구보고서(이하, 연구보고서)는 조직원의 평균 월 수입이 약 400만 원이라고 밝혔다. 하부 조직원을 거쳐 행동대장이 되는 나이는 30대다. 이 나이가 되면 평균 이상의 월수입에 30평대 아파트를 소유할 수 있고 취미로 골프를 즐긴다고 한다.

갱단의 천국처럼 보이는 미국의 사정은 어떨까? 시카고대학의 경제학 교수 스티븐 레빗(Steven Levitt)은 어렵게 입수한 어느 마약 갱단의 회계장부를 분석해 『괴짜경제학(Freakonomics)』이라는 책에 실었다. 행동대장의 월수입은 우리 돈으로 70만 원이 채 안 됐다. 하부 조직원의 월수입은 그 절반에도 못 미쳐 대부분 부모에게 얹혀살고 있었다.

미국 조폭보다 월등 수입이 높은 한국 조폭

우리나라 자료는 평균치를 추정한 것이고 미국 자료는 어느 특정 갱단의 자료이므로 일 대 일 비교는 무리일 수 있다. 그렇다고 해도 한·미(韓·美) 간 1인당 GDP 차이를 감안하면 1,000만원을 넘어야 마땅할 미국 갱단의 행동대장 월수입이 고작 70만 원 수준이라는 것은 우리의 상식을 뒤엎는 이야기다.

두 나라 행동대장 수입 간에 왜 이런 엄청난 차이가 존재할까? 그 답을 구하려면 '조폭 서비스'가 법과 공권력의 대체재(substitutes)라는 사실을 먼저 이해해야 한다. 실제로 연구보고서를 보면 설문지 응답자의 10.7%는 "법에 의지할 여건이 안 되면 조폭을 이용하겠다"라고 대답했다. 이것은 비아그라 구입 절차가 번거롭다 보니 효능은 의심스럽지만 구입이 손쉬운 중국산 정력제를 대체재로 찾는 것과 같은 이치다.

예컨대 어느 아파트 건설사 사장이 사업 추진 과정에서 만난 상대가 탁자에 칼부터 꽂는 조폭이라고 하자. 이때 '법은 멀고 주먹은 가까운 것'이 현실이라면 그는 다른 조폭을 고용해 문제를 해결하려 들 것이다. 연구보고서를 보더라도 설문지 응답자의 12.2%는 "누가 조폭을 앞세워 공격한다면 나도 조폭을 동원하겠다"라고 대답해 조폭에 대한 '사회적 수요'가 만만치 않음을 보여줬다.

조폭 서비스에 대한 가격 역시 보통의 재화(財貨)처럼 시장에서의 수요 공급원칙에 따라 결정된다. 법질서와 공권력의 권위가 확립되어 있는 미국의 경우 조폭 서비스에 대한 수요는 마약시장과 같은 불법 암시장에 국한된다. 낮은 수요에 비해 조직원의 공급은 넘쳐나는 곳이 미국의 조폭시장이다. 따라서 시장에서 결정되는 갱단 조직원의 수입은 극빈자 수준일 수밖에 없다.

이에 비해 우리나라의 조폭 서비스 수요는 아주 높다. 그 이유는 미국에 비해 법의 권위가 크게 떨어질 뿐만 아니라 불법과 탈세가 많아 공권력의 도움을 받기 어려운 업종이 많기 때문이다. 게다가 미국에 비해 아직은 조직원의 공급이 상대적으로 낮은 편이다. 사정이 이렇다 보니 우리나라 조폭은 평균 3.9개 업종에 진출해 높은 수입을 올리고 있다.

우리나라 조폭의 높은 수입은 더욱 많은 청소년들을 조폭 세계로 유인하게 될 것이다. 그렇게 되면 생산적 분야로 가야 할 인력들이 조폭산업에 종사해 자원 배분의 심각한 왜곡을 초래할 것이다. 아울러 조폭산업 내 경쟁의 심화로 범죄는 더욱 잔인해지고 범죄율은 걷잡을 수 없이 치솟게 될 것이다.

'조폭 서비스'는 법·공권력의 대체재 (substitutes)

이 문제의 해결 방법은 의외로 명료하다. 조폭 서비스에 대한 수요가 미국처럼 공권력에 대한 수요로 바뀌도록 법적 제도적 장치를 마련하면 된다. 쉽게 말해 법이 주먹보다 가까운 사회를 만들면 된다. 하지만 우리 정부는 이와는 반대로 어설픈 탈(脫)권위와 인권 보호를 이유로 오히려 조폭 서비스에 대한 수요를 부추겨 왔다.

법의 지배(rule of law)와 권위가 확립되어야 한다. 그러지 않고서는 '조폭 천국'처럼 변해가는 우리나라를 바로 세울 수 없다. 법치에 대한 강한 신념을 지닌 지도자의 등장이 필요한 이유가 바로 여기에 있다.

삼인성호(三人成虎)와 트위터 괴담

김인규 (한림대 경제학과 교수)

중국 전국시대 위나라에는 방총이라는 자가 있었다. 그가 태자와 함께 조나라 한단에 인질로 잡혀가면서 혜왕에게 "어떤 이가 와서 시장에 범이 나타났다고 하면 믿으시겠나이까?"라고 물었다. 그러자 왕은 "그 말을 누가 믿겠나." 그러자 방총은 다시 물었다. "두 명이 와서 시장에 호랑이가 나타났다고 말하면 믿으시겠습니까?" "반신반의 하겠지." "세 명이 와서 같은 말을 하면 그때는 어떻게 하시겠습니까?" "그때는 믿겠지." 왕은 대답했다. 방총은 "시장에는 호랑이가 없습니다. 하지만 세 사람이 와서 같은 말을 하면 호랑이가 나타난 것이 됩니다. 제가 한단으로 떠나는 동안 저의 이야기를 하는 자가 세 명보다 많을 것인데 그 말을 믿지 마소서"라고 하자 왕은 "내가 직접 본 것이 아니면 믿지 않겠다"라고 했다. 그러나 방총이 우려했던 대로 그가 풀려나 위나라로 돌아왔을 때는 혜왕을 다시는 만날 수가 없었다.

위의 이야기에서 세 명이 입을 맞추면 시장 거리에 호랑이가 나타났다는 거짓말을 꾸밀 수 있다는 뜻의 사자성어인 삼인성호(三人成虎)가 유래했다. 거짓도 여러 사람이 말하다 보면 듣는 사람이 믿게 된다는 뜻이다.

언론의 자유? 사이버 범죄!

최근 유행하는 트위터 괴담도 이 삼인성호(三人成虎)의 이야기와 꼭 닮아있다. 트위터는 140자 내의 단문으로 의사소통하고 빠르게 정보가 확산되는 특징이 있다. 실시간으로 내가 팔로우(follow)한 사람들의 소식을 받을 수 있으며 흥미 있는 뉴스는 나를 팔로잉(following)한 사람들에게 바로 리트윗(retweet)하여 정보를 퍼트린다.

'광우병 괴담'이나 '천안함 유언비어'의 확산에서 알 수 있듯이 자칫 잘못하면 사이버 공간은 소수 선동가들이 판을 치는 디스토피아(Dystopia: 이상향의 반대)가 될 수 있다. 천안함 폭침의 진실이 미군 오폭설·좌초설·내부파괴설 같은 황당한 유언비어를 누르지 못하는 게 사이버 공간의 현실이다. 사정이 이러하니 정부와 정치권이 진정성을 가지고 접근하더라도 유언비어를 당해내기 어렵다.

네티즌(netizen)들은 트위터를 비롯한 사이버 공간에서는 누구나 언론의 자유를 만끽하고 있다. 가상공간에 공론의 장을 마련하여 하고 싶은 말을 자유롭게 나누면서 여론을 형성하고 있다. 이 때문에 일부 지식인들은 사이버 공간을 모두가 평등한 직접 민주주의의 이상향쯤으로 여기기도 한다.

하지만 베스트셀러 『링크(Linked)』의 저자인 미국 노스이스턴(Northeastern)대의 앨버트-라즐로 바라바시(Barabasi) 교수는 사이버 공간이 평등주의적 유토피아와는 거리가 멀다는 사실을 발견했다. 그는 사이버 공간이 극소수의 '허브(hub)'가 지배하는 아주 불평등한 네트워크라고 설명한다. 허브란 구글이나 오바마 대통령 한국의 경우 처럼 많은 네티즌들이 찾는 웹이나 트위터를 말한다.

이러한 디스토피아 문제를 어떻게 해결해야 하는가? 세상이 아무리 변해도 이익을 추구하고 손실을 피하려는 사람들의 인센티브는 변하지 않는다. 보통사람들도 범죄로부터 얻는 기대이익(expected benefit)이 처벌의 기대비용을 능가하면 범죄를 저지를 유혹에 빠진다.

사이버 공간에서 악질적인 거짓말을 제작·유포해 사회적으로 큰 비용을 발생시키는 것은 범죄이다. 이런 행위가 만연하게 된 이유는 범죄적 허브에 대한 처벌이나 손해배상 청구가 미미했기 때문이다. 바라바시 교수는 허브를 집중적으로 단속하면 효과가 크다고 설명한다. 따라서 범죄적 허브의 기대비용이 높아지도록 관련법을 개정·강화할 필요가 있다. 범죄적 허브로 인한 피해자들이 집단소송을 쉽게 할 수 있도록 정부가 소송비를 지원해 주는 것도 기대비용을 높이는 좋은 방법이다.

유언비어 막으려면 비용이 이익을 능가하도록 만들어야

사이버 공간의 또 다른 문제는 청소년들에 의한 악성 유언비어 제작·유포 행위다. 베스트셀러『괴짜 경제학(Freakonomics)』의 저자인 미 시카고대 스티븐 레빗(Levitt) 교수가 청소년범죄와 관련해 연구한 '죄와 벌' 따르면 청소년도 성인처럼 처벌 인센티브에 반응한다.

따라서 청소년 악성 허브의 경우 미성년자라 처벌이 어렵다면 그 부모에게 손해배상을 청구할 수 있도록 관련법을 정비해야 한다. 그래야 그들의 범죄적 행위를 막을 수 있다. 그리고 청소년들에게 인터넷 예절교육과 더불어 처벌과 손해배상에 대한 교육도 철저히 시켜야 한다.

미국의 코언(Coen) 형제가 감독한 영화 〈노인을 위한 나라는 없다〉는 예이츠의『비잔티움으로의 항해』첫 구절에서 그 제목을 따왔다.

영화는 나이 든 보안관의 지혜로도 어쩔 수 없는 어리석고 폭력적인 오늘의 세계를 코언 형제 특유의 냉정한 시각으로 관조한다. 우리의 나이 든 세대가 사이버 공간에 만연한 범죄적 행위를 수수방관 한다면 세상은 그 영화보다 더 끔찍한 디스토피아로 변해 갈 것이다. 트위터 시대가 반갑기보다는 오히려 두렵다.

불법파업의 천적, 법치

박동운 (단국대 명예교수)

대규모 정리해고가 발단이 된 '한진중공업 노조파업'이 2011년 6월 27일 타결되었다. 사측 정리해고 방침에 맞서 노조가 2010년 12월 20일 총파업에 들어간 지 189일 만의 타결이었다. 타결의 실마리는 '무노동·무임금' 원칙 고수, 불법 점거에 대한 공권력 투입 가능성, 노조원에 대한 법원의 조선소 출입금지 결정 등 '파업에 대한 원칙적 대응'에 있었다. 타결 후 노사갈등 과정에서 빚어진 온갖 고소 및 고발 사건은 노사 간에 모두 취소되었다.

한진중공업 노조파업 타결은 '노조의 불법 파업'은 법과 원칙으로 다스려야 한다는 것을 새삼 확인시켜준 사건이다. 한국은 김대중 정부에 이어 노무현 정부에서 '파업공화국'이라는 악명을 떨쳤다. 노무현 대통령은 2002년 16대 대선에서 '한국 노조는 사용자에 비해 힘이 약하다'고 말함으로써 노조 편에 힘을 실어주었다. 이를 계기로 노무현 정부 출범과 함께 한국은 삽시간에 파업공화국이 되고 말았다. 노무현 정부에서 노사분규 발생건수, 참가자수, 근로손실일수는 김영삼 정부에 비해 각각 무려 세네 배 이상이나 증가했다. 왜 그랬을까? 당시 정부가 노조파업이 불법인 경우에도 '법과 원칙의 대응'으로 맞설 계획이 없었기 때문이다.

시장경제에서 '법치'가 지켜지지 않으면 세상은 무법천지가 되고 말 것이다. 그래서 시장경제는 '법치'를 주요 원리로 내세운다. 이와 관련하여 마거릿 대처 전 영국 수상은 이렇게 썼다. "나는 자유로 인해 무정부 상태가 되어서는 안 된다는 신념을 갖고 있다. 자유는 법에 의해 만들어진다(freedom is the creature of law). 그렇지 않으면 인간은 야수(野獸)가 될 것이다."[9] 이처럼 자유는 법과 불가분의 관계가 있다.

노사갈등은 반드시 '법과 원칙의 대응'으로 풀어야 한다. 한진중공업 노조파업에서 타결의 실마리가 된 '무노동·무임금' 원칙 고수는 앞으로 노사분규 타결에서 지침이 되어야 할 것이다. 이런 예는 마거릿 대처가 '법과 원칙의 적용'으로 노동개혁에 성공하여 영국 노동시장을 유연하게 만든 사례에서 찾아볼 수 있다.

---

9) Thatcher, M.(1992), "On Thatcherism: Its Ideology and Practicies," The Future of Industrial Democracy, The Inchon Memorial Lecture, Korea University, Sept. 3-4.

　　보수당 당수가 된 대처는 1979년 총선에서 '영국경제의 두 가지 문제는 국유기업의 독점과 노동조합의 독점'이라고 강조하고, '불법적인 노조파업은 법과 원칙으로 다스리겠다'고 국민에게 약속했다. 정권을 잡자마자 대처는 구조개혁 차원에서 곧바로 노동개혁을 추진했다. 대처는 집권 11년 반 동안 다섯 차례에 걸쳐 고용법과 노동관계법 제정 및 개정을 통해 '법과 원칙의 적용'으로 노조파워를 무력화시켰다. 대처는 노조의 결속 강화에 기여하는 클로즈드숍(Closed shop: 노조에 가입해야만 회사원이 될 수 있는 노조 조직형태) 제도를 다섯 차례에 걸친 노동 관련법 개정을 통해 완전히 삭제해 버렸다. 대처는 석탄을 몰래 수입해 놓고 363일 동안 석탄노조의 불법 파업과 맞서 싸워 승리했다. 이 결과 영국은 노동시장이 미국 다음으로 유연한 나라가 될 수 있는 기반이 마련되었다.

아르헨티나와 그리스를 보라

김인영 (한림대 정치행정학과 교수)

아르헨티나와 그리스의 포퓰리즘

라틴아메리카에서 가장 부유한 나라였던 아르헨티나는 세계 최대 식량생산국이자 2차 세계대전 중 무역 흑자로 세계 5대 부국으로 꼽히던 나라였다. 그러나 1946년 노동계층의 지지를 받아 집권한 후안 페론(Juan Peron)은 축적된 부를 시혜적으로 국민들에게 분배했다. 집권 후 연간 20% 이상의 임금인상, 저소득계층의 복지를 대폭 확대하는 등 과도한 재정지출을 이어갔다. 페론은 이러한 무분별한 복지확대와 임금 인상을 기반으로 노동계층과 저소득계층의 정치적 지지를 얻어 총리직을 유지했다. 이것이 페론주의(Peronism)이다. 결국 페론주의는 아르헨티나의 재정부족을 초래했고, 그 부족을 외채를 빌려 메워 경제위기를 불렀다. 이후 아르헨티나는 1983년, 1994년, 2001년, 2003년, 2008년 등 외환 경제위기를 수시로 맞았고 위기의 악순환은 계속되고 있다. 페론주의는 현대적 포퓰리즘(populism)의 시초다.

최근 그리스가 맞은 국가부도 위기는 1980~1990년대 총리를 지낸 안드레아스 파판드레우(Andreas Papandreou)가 무분별하게 도입한 각종 복지정책의 결과 때문이었다. 파판드레우는 총리가 되자마자 정부지출을 늘려 의료보험 혜택을 전 계층으로 확대했고, 평균·최저임금을 대폭 인상하는 등 선심성 정책을 이어가 정치적으로 인기를 누렸다. 이것이 그리스의 재정위기를 초래한 파판드레우 포퓰리즘의 시작이다.

포퓰리즘이란?

우리 사회에도 포퓰리즘이라는 용어가 유행이다. 포퓰리즘이란 무엇인가? 포퓰리즘은 시간과 장소에 따라 다양하게 사용되고 있어 한마디로 정의하기는 어렵다. '포퓰리즘'이라는 어의에 충실한다면 'people(대중)'이 중심적 의미를 가진다. 따라서 포퓰리즘은 '대중의 의사가 중심이 되는, 대중(people)에 영합하는 정치노선'이라고 할 수 있다.

포퓰리즘은 민중주의(民衆主義)나 인민주의라는 한글 번역으로 사용될 수 있다. 하지만 정치인이 대중에 영합하고 선동하는 내용이 포함되지 않았기 때문에 '대중 영합주의'라는 번역이나 포퓰리즘이라는 원어 그 자체를 사용하는 것이 적절하다.

구체적으로 보면 포퓰리즘은 대부분 이분법적인 시각에서 대기업(재벌)과 중소기업, 부자와 서민, 엘리트와 대중, 무상급식 반대자와 찬성자, 학교 체벌 찬성자와 반대자 등을 구분하고 전자는 강자(强者), 후자는 약자(弱者)로 구분하고 약자의 정서에 호소하는 선동성을 가진다. 포퓰리즘은 강자는 악(惡)이고, 약자는 선(善)이라는 단순 논리를 사용하는 특징이 있다.

최근 포퓰리즘 정책에는 어떤 것이 있나?

포퓰리즘 정책은 거의 대개 '인민 주권의 회복'이나 사회적 약자를 보호한다는 명분으로 부유층을 비난의 표적으로 삼거나 대기업의 영업행위를 제약한다. 이명박 정부가 추진하고 있는 중소기업보호 정책인 '초과이익공유제'와 중소기업 적합업종 지정제, 대규모 점포와 기업형 슈퍼마켓(SSM)의 입점 제한 등은 최근 시행되고 있는 포퓰리즘 경제정책의 대표적인 사례이다. '무상급식'과 '반값등록금'도 약자를 보호한다는 명분의 포퓰리즘 정책이라고 할 수 있다. 과거 노무현 정부에서 만든 '부동산 종부세'는 부유층을 비난의 대상으로 하는 전형적인 포퓰리즘 정책이었다.

포퓰리즘의 결과는 무엇인가?

앞에서도 설명했지만 아르헨티나의 페론주의와 그리스의 재정위기 등 세계 정치사의 많은 예에서 보듯이 포퓰리즘의 결과는 극심한 사회 분열과 계층 간 대립이다. 더 나아가 기업의 투자 감소, 궁극적으로는 무분별한 복지혜택 부담 증가로 국가부도로 이어진다.

문제는 포퓰리즘 정치인들이 실현 불가능한 공약을 내세우고 복지혜택의 증가가 재정적으로 가능하다고 선동하지만, 대중은 조만간 닥칠 정부 부채의 증가와 그 부정적 결과를 인식하지 못하는 데 있다.

이렇게 포퓰리즘은 진정한 민주주의로 포장되어 대중을 선동하고, 정치적 반대를 억압하고, 기업 규제와 과도한 분배정책으로 자본주의 자유시장(free market) 질서를 해치게 된다.

정리하자면 포퓰리즘 정치는 '서민'이라는 약자를 위하여 아주 힘센 강자(정부나 국가)가 다른 중간 강자(대기업)를 '대중(서민)의 이름으로' (in the name of the people) 내지는 '민주주의의 이름으로' (in the name of democracy) 벌하는 정치가 되어 버리는 것이다. 결국 포퓰리즘은 민주주의의 이름으로 대중 권위주의(authoritarianism)와 권위주의 대중독재(popular dictatorship)를 실행하는 모순을 낳는 것이다.

5장

기업과 경쟁

〈나가수〉에는 경쟁을 도입하는 혁신을 가미했다.
경쟁을 통해 한 명씩 탈락시킨다.
그래서 출연하는 가수들의 마음자세가 달라졌다.
탈락하지 않으려면 혼신을 다해 노래해야 했다.
방송에 나오는 노래 한 곡을 부르려고 일주일 내내
수없이 반복 또 반복 연습한다.
그러니 좋은 노래가 나오지 않을 수 없다.
정상급 가수들의 열정과 도전 정신에 청중들은 감동했다.
시장 경제 원리의 핵심인 경쟁의 장점이 그대로 실현된다.

이윤, 너는 누구냐?

손정식 (한양대 경제금융학부 명예교수)

이윤추구를 죄악으로 여겼던 중세 교회

중세 봉건사회에서 천주교회는 물질을 탐하거나 이윤을 추구하는 행위를 죄악으로 여겼다. 이러한 사회 분위기 탓에 당시 유럽의 경제는 거의 발전하지 못하고 있었다. 그러나 종교개혁 이후 등장한 프로테스탄트(청교도)들은 달랐다. 그들은 기도와 묵상만이 신의 뜻이라고 생각하지 않았다. 자신의 자리에서 열심히 일을 하면서 돈을 버는 것도 신의 뜻을 실현하는 방법이라고 생각했던 것이다. 이러한 '직업 노동'과 '이윤 추구'는 이후 유럽에서 자본주의가 싹을 트는 데 밑거름이 되었고 경제 발전을 이룩했다.

이윤은 어디서 나올까?

어떤 사람이 원가 800만 원(인건비, 재료비, 간접비 등)을 들여 오토바이 한 대를 만들었다고 하자. 언제 이 오토바이가 1,000만 원에 판매될까? 누군가가 1,000만 원을 주고 그 오토바이를 구입했을 때 200만 원의 이윤이 발생한다. 이때 이윤은 어디서 왔을까? 오토바이를 만든 사람이 창조한 것이다. 그것은 마치 화가가 예술작품을 창작한 결과로 얻는 이득과 동일하다. 세계적 화가 피카소가 1967년 〈평화의 비둘기(Dove of Peace)〉를 그렸는데 최근 낙찰가는 450억 원이었다. 그림을 그리는 원가는 거의 무시할 수 있을 정도일 테니 450억 원 대부분을 이윤으로 볼 수 있는데, 그것은 피카소가 창조한 것이다. 이때 이윤은 피카소가 고객이 그러한 거액을 제공하면서도 구입하고 싶을 만큼 높은 효용을 가진 그림을 창작해서 제공한 대가다. 기업가의 이윤도 고객에게 효용을 제공한 대가로 창조된 것이다.

그렇다면 손실(loss)은 언제 발생할까? 원가 800만 원을 들여 만든 오토바이를 겨우 500만 원에 판매할 때 300만 원의 손실이 발생한다. 그러므로 손실은 800만 원의 가치를 투입해서 별로 인기도 없는 오토바이를 제조해서 300만 원의 가치를 파괴한 것에 대한 징벌이다.

기업의 이윤 추구 행위

　　　　　　　　　　　　　　기업의 이윤 추구에 대한 부정적 시각은 유럽의 중세뿐만 아니라 현재에도 만연하고 있다. 이는 생산자의 이윤 추구 방식에 대한 오해에서 비롯된다. 흔히 사람들은 생산자가 상품 한 개당 이윤을 극대화할 것으로 생각한다. 한 개당 이윤이란 개당 판매 가격에서 개당 생산비용을 뺀 나머지이다. 예를 들어 껌 한 통에 천 원이면 여기 천 원에서 생산비용 800원을 뺀 200원이 껌 한 개의 이윤이다.

　생산자가 제품 한 개당 얻는 이윤을 증대시키려면 동일한 품질을 유지하면서 상품의 개당 가격을 인상하거나 개당 생산 원가를 줄이는 두 가지 방법이 있다. 개당 가격이란 구매자가 해당 상품을 구입하기 위해 희생하는 비용이기 때문에 그것이 높아진다는 것은 곧 구매자의 희생이 커진다는 것을 의미한다. 또한 개당 가격은 동일한데 기업이 생산 원가(단가)를 낮춘다는 것은 제대로 원료를 투입하지 않고 상품을 생산할 때 가능한데, 그것 역시 구매자에게 손실을 입히는 행위다. 동일한 자장면을 만드는데 원료비용을 절감하려면 아마도 부실한 원재료를 사용하게 될 터이기 때문이다.

　그런데 실제로 생산자가 극대화하려는 것은 개당 이윤이 아니라 총이윤이다. 이는 기업의 총판매액에서 총생산비용을 뺀 나머지다. 그러므로 기업이 총이윤을 극대화하기 위해서는 총판매액을 극대화하고 총생산비용을 최소화해야 한다. 여기서 총판매액은 상품 가격에 판매량을 곱한 금액이고 총생산비용은 생상원가에 판매량을 곱한 것이다.

기업이 이윤을 극대화하기 위해서는 제품 한 개당 이윤이 아닌 총판매량을 증대시키려고 한다. 그러기 위해서 경쟁기업보다 좋은 품질과 더 나은 디자인 등 고객에게 무엇인가보다 더 높은 가치(효용)를 제공할 수 있어야 한다.

또한 경쟁기업보다 판매 가격을 낮춰야 하는데 그것은 생산비가 인하되어야 가능하다. 그러므로 기업은 기술혁신 등을 통해 품질을 유지하거나 높이면서 생산단가를 낮추는 데 성공해야 한다. 그러므로 어느 기업이 경쟁 기업에 비해 총이윤이 많다는 것은 경쟁기업보다 상대적으로 보다 높은 품질의 상품과 서비스를 고객에게 제공하고, 동일한 또는 더 나은 품질의 것을 생산하면서도 경쟁사보다 생산단가를 낮춰 판매가격 인하에 성공했다는 것을 뜻한다. 어찌 되었든 양쪽 행위 모두 소비자들에게는 이득이 되는 행위이다.

어느 기업이 장기적으로 얻은 이윤은 기업이 고객을 위해 품질을 제고시키거나 원가 절감으로 가격을 낮추는 데 성공해서, 만족한 구매자들이 자발적으로 제공한 보너스라 하겠다. 삼성전자가 지난 해 국내외 영업으로 10조 원이라는 상상하기조차 어려운 많은 이윤을 얻었다. 이것은 삼성이 좋은 상품을 소비자들에게 제공하려고 노력하고, 소비자들도 다른 기업이 아닌 삼성을 선택한 결과다.

물론 현실적으로 일부 기업 가운데는 공업용 에탄올을 섞어 면을 만든다거나 쓰레기 고기를 재포장해서 판매하는 등 고객의 희생을 통해 이윤을 추구하는 악덕기업들이 있는 것도 사실이다. 그렇지만 소비자들의 희생을 통해 이윤을 얻으려는 그러한 기업들은 장기적으로 총이윤을 극대화할 수 없다. 이러한 기업은 자연스럽게 시장에서 퇴출되기 마련이다. 그렇지만 일부 악덕기업의 행위를 보고, 모든 기업의 이윤 추구 행위를 부정적 시각으로 보는 것은 타당하지 않다. 아울러 기업들도 고객만족을 통해 보다 많은 이윤을 얻으려는 기업활동을 격려해야 한다.

도도새는 왜 멸종했을까?

이병기 (한국경제연구원 기업연구실장)

고인 물은 썩게 마련이고 진입이 없는 닫힌 환경에서 활동하는 기업은 통상 그의 능력을 충분히 발휘할 수 없다. 이러한 현상은 비단 기업의 세계뿐만 아니라 동물의 세계에서도 관찰할 수 있다.

도도새는 아프리카 동쪽 인도양의 모리셔스 섬에 살았던 새다. 이 섬에는 포유류가 살지 않았기 때문에 다양한 종류의 새들이 서식하고 있었다. 외부와 단절된 닫힌 환경에서 먹이사슬로부터 자유로웠던 섬에서 살다보니 이 새의 비행능력은 현저히 퇴화될 수밖에 없었다. 포르투갈 선원들이 이 섬에 발을 들여놓으면서 도도새는 이들의 좋은 사냥감이 되었다. 이후 네덜란드인들이 이 섬을 죄수들의 유배지로 사용하면서 돼지와 원숭이들도 이 섬에 유입되었다. 이로써 처참한 결과가 초래되었다. 모리셔스 섬에 새로이 유입된 이 동물은 도도새의 알을 쉽게 털어 먹었고 새로 이 섬에 들어온 인간들은 비행능력을 상실한 도도새를 잡아먹어 결국 멸종되고 말았다.

도도새는 오랜 기간 동안 외부의 새로운 진입자가 없는 섬에서 살고 있었기 때문에 비행능력은 상실되었고, 포르투갈인과 네덜란드인이 이 섬에 들어와 이 새를 잡아먹기 시작하자 도태될 수밖에 없었다.

최근 중소기업을 보호한다는 명분하에 중소기업 적합업종제도도입을 서두르고 있다. 특정업종에 대한 대기업의 진입을 제한하려는 것이다. 중소기업 적합업종제도는 기술혁신 능력을 저하시키고 국제경쟁력을 낮추는 등 문제 때문에 폐지되었던 중소기업 고유업종제도와 유사한 제도다. 이 제도는 일정 규모 이상의 대기업이 특정한 업종이나 품목에 진입하는 것을 제한하려는 것으로 이 같은 진입제한은 오히려 중소기업의 경쟁력이나 생산성을 저하시킬 가능성이 크다. 중소기업을 보호하고 중소기업의 경쟁력을 향상시키려는 선한 목적에서 출발한 정책이 오히려 중소기업의 경쟁력을 잃게 만드는 경우가 허다하다. 외환위기 이후에 중소기업에 대한 지원정책도 마찬가지였다. 정부의 중소기업 지원 확대로 부실기업 퇴출이 지연되었고 이에 따라 신규 진입의 지체가 발생했다. 결과는 중소기업 부문의 급격한 생산성 저하로 나타났다.

우리나라의 경우 서비스산업의 선진화가 매우 중요한 과제로 떠오르고 있다. 그렇지만 서비스산업의 경쟁력은 매우 뒤처져 있다. 서비스산업은 어느 산업보다 높은 진입장벽을 쌓고 있다. 제조업과 비교해 볼 때 서비스산업은 진입규제를 받는 산업이 많은 편이다. 서비스산업 중 금융, 공공행정, 교육서비스, 보건복지 분야는 진입규제가 매우 높다. 특히 서비스업에서 활동하고 있는 변호사, 변리사, 법무사, 공인회계사, 세무사, 관세사 등 전문자격사 시장은 과도한 시장진입 규제가 존재하는 대표적인 시장이다. 경쟁제한으로 서비스 이용가격이 상승하고 비자격전문가가 제공할 수 있는 단순 서비스를 높은 가격에 이용해야 하는 모순이 발생한다. 진입규제를 풀고 새로운 진입자를 허용하여 경쟁을 함으로써 서비스업 부문의 낮은 생산성을 올릴 수 있다. 지금과 같은 높은 진입규제를 유지한 채로는 서비스 산업의 경쟁력 향상을 기대할 수 없다.

중소기업만 만들어야 한다고?

최승노 (자유기업원 대외협력실장)

천장에 있는 조명기구를 보자. 어떤 상표의 형광등이 꽂혀 있을까? 저자의 사무실 천장에는 필립스 형광등이 눈에 보인다. 마트에 가서 형광등을 사려고 하면 어떤 제품이 전시되어 있을까? 아마도 오스람, 필립스, GE 등일 것이다.

궁금하다. 왜 국산 브랜드의 제품은 없는 것일까? 국내 전자제품 회사가 형광등 정도의 제품을 못 만드나? LG나 삼성처럼 세계 최고의 회사가 있는데, 왜 형광등은 대부분 외국 브랜드를 쓰고 있을까?

중소기업이 만들어야 한다는 착각

과거에 형광등, 두부, 종묘, 건전지

등은 중소기업이 만들어야 한다는 규제가 있었다. 중소기업 고유업
종제도다. 제품의 특성을 고려해서 대기업이 만들지 못하도록 막아
놓고 중소기업만 만들도록 하면 중소기업도 먹고 살 수 있어서 좋겠
다는 단순한 생각에서 비롯된 규제다.

그래서 대기업은 형광등을 만들지 못했다. 중소기업 브랜드 제품
이 제법 있었다. 기억을 더듬어 보면 번개표가 있었고 몇몇 제품의
브랜드가 유통되고 있었다. 지금 그 결과는 어떤가? 참혹하다. 경쟁
력에서 뒤쳐진 중소기업들은 점차 사라졌으며 결국 시장을 외국 브
랜드에 넘겨줬다.

이 규제에는 근본적인 착각이 있다. 국내 대기업이 못 만들게 할
수는 있지만 외국의 대기업도 못 만들도록 할 수는 없다는 사실을 외
면한 것이다. 외국의 글로벌 기업도 못 만들게 할 수 있거나 수입을
봉쇄할 수 있어야 규제효과가 유지될 수 있다. 하지만 외국기업에까
지 형광등을 못 만들도록 할 수 없을 뿐만 아니라 계속해서 우리 국
내시장을 폐쇄된 상태로 유지할 수 없다.

물론 그래서도 안 된다. 소비자가 세계 일류 기업의 제품을 쓸 수
없도록 막아 놓는 것은 국제화 시대에 어울리지 않는 우물 안 개구리
식 규제이기 때문이다. 결국 외국의 글로벌 기업이 들어오는 순간 규
제는 외국의 글로벌 기업을 보호하는 규제로 바뀌었다. 형광등을 만
들 수 있는 우리 기업을 역차별하는 나쁜 규제가 되는 것이다.

더구나 국내에서 형광등을 못 만들다 보니 수출은 꿈도 못 꿨다.

우리 전자 기업은 매출의 80%~90%를 수출한다. 만약 형광등을 만들고 수출하고 있다면 훨씬 더 많은 공장과 질 높은 일자리가 있었을 텐데 그런 것을 모두 스스로 포기한 셈이다.

중소기업을 보호하겠다는 규제는 보통 기업의 경쟁과 성장을 가로 막는다. 중소기업은 대기업으로 성장할 생각보다는 안주하게 된다. 대기업이 되는 순간 손해를 볼 가능성이 높기 때문이다. 중소기업이 만들라고 규제해 놨더니 대기업으로 성장해서 대기업이 만들고 있다는 말을 듣는 것은 스스로를 부정하는 것이기 때문이다. 이 규제가 갖는 논리적 모순이 그대로 드러난다. 그래서 규제당국은 다시 이 대기업보고 손을 떼라고 할 수 있다. 그래서였는지 모르지만 중소기업 고유업종으로 보호 받았던 국내 중소기업들은 성장하지 못했다.

다시 돌아온 무식한 규제

중소기업 고유업종이라는 규제가 폐지되었다가 다시 중소기업 적합업종이라는 이름으로 다시 부활했다. 노무현 정부에서 기업의 경쟁력을 떨어뜨리는 잘못된 규제임을 인정하고 폐지한 규제를 이명박 정부가 다시 살려낸 것이다. 중소기업 적합업종이라고 슬쩍 규제의 이름만 바꾼다고 해서 규제의 폐해가 달라지지는 않는다. 이번에는 LED 등을 적합업종에 포함시켰다. 안타까운 일이다. 그들 업종의 미래가 깜깜하다.

기업은 많은 소비자로부터 선택받는 과정을 통해 대기업으로 성장한다. 열심히 경쟁력을 높여 소비자가 인정한 기업을 벌주는 방식의 규제가 좋을 리가 없다. 소비자와 기업 모두를 피해자로 만드는 규제다. 사실 기업은 경쟁해야 하는 공급주체일 뿐이다. 기업을 대기업과 중소기업으로 나누어 차별할 이유가 없다. 실제로 어느 쪽에 더 중소기업이 많은지도 알 수 없다. 대기업과 협력관계를 맺은 무수한 중소기업들도 함께 시장을 포기해야 하기 때문이다.

진정으로 중소기업을 보호하고 싶다면 중소기업의 경쟁력을 어떻게 높일지를 고민해야 한다. 좋은 제품을 만들어 소비자가 선택할 만한 제품을 만들 수 있도록 하는 일이 바로 기업도 돕고 소비자를 이롭게 하며 일자리도 늘리는 바람직한 기업정책이다.

맥 빠진 〈나가수〉를
원하신다면

한진수 (경인교육대 교수)

장안에 화제가 되고 있는 TV 프로그램이 하나 있다. 바로 〈나는 가수다〉이다. 첫 경연에서 의외로 김건모가 탈락하여 충격을 주더니 탈락한 그에게 다시 기회를 주어 사회적 논란을 불러일으켰다. 이 사태로 프로그램 폐지 논란까지 일어났지만 이후 승승장구 하면서 진짜 노래를 갈망하던 시청자들의 열렬한 환호를 받고 있다. 프로그램에서 방송된 노래는 다음 날부터 음원시장을 휩쓸었다.

왜 하필 〈나가수〉일까?

〈나가수〉는 시장 경제의 축소판이라 할 수 있다. 여러 가지 시장경제원리가 작용하고 있다. 〈나가수〉

에 등장하는 가수들은 새로 발굴된 사람이 아니다. 기존 우리나라 음악시장에 이미 존재하던 가수들이다. 그들이 출연할 수 있는 프로그램도 이미 많이 있었다. 〈콘서트 7080〉도 있고 〈유희열의 스케치북〉도 있다. 그런데 왜 음악팬들이 유독 〈나가수〉에 열광하게 되었을까? 다른 프로그램에서 느낄 수 없었던 높은 수준의 음악과 감동을 얻을 수 있어서다.

참 이상하다. 같은 가수인데 왜 〈나가수〉에서 흘러나오는 음악이 더 수준 높을까? 그 해답은 경쟁에서 찾을 수 있다. 다른 프로그램에는 경쟁이 없다. 그냥 돌아가면서 가수들이 나와서 자신의 노래를 맛깔나게 부른다. 물론 그 노래도 좋다. 하지만 거기까지다.

〈나가수〉에는 경쟁을 도입하는 혁신을 가미했다. 경쟁을 통해 한 명씩 탈락시킨다. 그래서 출연하는 가수들의 마음자세가 달라졌다. 탈락하지 않으려면 혼신을 다해 노래해야 했다. 방송에 나오는 노래 한 곡을 부르려고 일주일 내내 수없이 반복 또 반복 연습한다. 그러니 좋은 노래가 나오지 않을 수 없다. 정상급 가수들의 열정과 도전 정신에 청중들은 감동했다. 시장 경제 원리의 핵심인 경쟁의 장점이 그대로 실현된다.

소비자의 선택을 받아야 하는 기업은 더 좋은 품질, 더 나은 디자인, 더 저렴한 가격의 상품을 생산하려고 치열하게 경쟁한다. 경쟁에서 승리한 기업은 소비자의 선택을 받아 이윤을 얻지만 실패한 기업은 소비자의 외면으로 시장에서 퇴출당한다. 소비자의 선택을 받은 기업은 많은 이윤을 얻을 수 있다. 소비자는 더 좋은 품질의 상품이나 신상품 덕분에 효용이 증가한다.

이러한 일이 〈나가수〉에서 그대로 실현되고 있다. 소비자의 선택을 받은 가수는 다음 날부터 음원시장에서 많은 돈을 벌기 시작한다. 행사와 광고 출연 요청이 이어진다. 한때 끼니 걱정까지 하던 임재범은 소비자의 귀를 정화해준 덕분에 돈방석에 앉았다. 기존의 아이돌 음악에 식상한 소비자들은 새로운 음악 상품을 하루에도 몇 번씩 들으며 가격 이상의 효용을 얻고 있다.

기업은 소비자가 원하는 쪽으로

기업은 자신이 좋아하는 상품이 아니라 소비자가 원하는 상품을 생산하게 된다는 것도 시장 경제 원리 가운데 하나다. 〈나가수〉에 출연하는 가수들도 예외가 아니다. 청중 평가단이나 소비자의 점수를 얻기 위해 자신의 스타일을 고집하지 않고 새로운 장르에 도전한다. 높은 점수를 받는 데 유리하다는 판단이 서면 고성 지르기도 마다하지 않는다. 김범수는 톡톡 튀는 패션까지 곁들여 새로운 팬들을 대량 확보하는 데 성공했다. 가수 스스로 자신의 숨겨진 끼에 놀라는 경우도 있다. 경쟁이 없었더라면 발굴되지 않았을 재능이다.

경쟁이 시장에 윈-윈 결과를 가져다준다는 원리는 여기저기서 찾을 수 있다. 2002년 월드컵 당시 히딩크 감독이 선수들끼리의 치열한 경쟁을 유도해 좋은 성적에 이른 것은 이제 고전이 되었다. 허정무 감독 역시 비슷한 방법으로 남아공 월드컵에서 16강에 진출했다. TV 프로그램 〈개그콘서트〉도 개그맨들의 경쟁 원칙을 철저히 지키고 있다. 물론 이때의 관점은 소비자를 만족시켜 웃음을 자아낼 수 있는지 여부다. 이러한 노력은 소비자들의 선택으로 이어지고 유례없이 600회 돌파라는 장수를 누리고 있다.

〈나가수〉와 〈1박2일〉

한진수 (경인교육대 교수)

기업가정신과 신상품 탄생

방송국 TV 프로그램들은 소비자의 선택, 즉 시청률을 높이려고 치열하게 경쟁하고 있다. 온 가족이 둘러앉아 식사를 하는 일요일 저녁 시간대는 각 방송국이 매우 중요하게 생각하는 황금시간대 가운데 하나다.

이 시간대에는 2007년 시작된 〈1박2일〉이 절대 강자로 군림하고 있다. 이 프로그램이 이토록 오랫동안 소비자의 사랑을 받으며 동시간대 프로그램 가운데 최고 경쟁력을 확보할 수 있었던 비결을 꼽자면 기업가정신이다. 식상한 내용으로 소비자가 싫증을 느낄 때쯤 되면 어김없이 시청자 투어, 외국인 근로자 특집 등 참신한 아이디어로 무장한 프로그램이 방영되어 소비자에게 즐거움과 감동을 전해준다.

이런 기업가정신이 있어 소비자는 행복하다.

〈1박2일〉이 워낙 탄탄대로를 걷고 있어 웬만한 경쟁 프로그램으로는 그 자리를 빼앗기 어려울 것으로 보는 사람들이 많다. 마치 시장을 지배하고 있는 독과점 기업이 영원히 그 자리를 누릴 것으로 생각하는 것과 같다.

그러나 이 세상에 그런 시장은 없다. 라이벌 방송국들은 새로운 변화와 아이디어로 부단히 그 자리를 노려왔다. 쉽지 않았지만 〈나가수〉라는 프로그램이 등장했다. 〈1박2일〉이라는 절대 강자도 〈나가수〉의 등장에 커다란 위협을 받기 시작했다.

〈나가수〉의 생산자는 신상품 개발에 성공한 셈이다. 이미 존재하고 있는 가수, 편곡자, 밴드, 스태프, 스튜디오 등을 가지고 기존과는 전혀 다른 형태의 상품을 개발하여 소비자의 주목을 끄는 데 성공했다. 이 역시 기업가정신의 산물이다. 슘페터가 언급했던 혁신의 한 사례이기도 하다. 〈나가수〉는 빠르게 일요일 저녁 프로그램 시장을 잠식하기 시작했다.

기업의 경쟁은 더 좋은 상품이라는 결실을 낳아 〈나가수〉는 말 그대로 '위협적'인 상품이 되었다. 이뿐이 아니다. 또 다른 방송국은 김연아를 등장시켜 〈키스 앤 크라이〉라는 프로그램을 선보였다. 그동안 시장을 지배하던 〈1박2일〉은 위기를 극복하려고 여배우 특집, 조연배우 특집을 연속 도입했다. 초대 손님 없이, 특히 여자 출연자 없이 고정 남자 출연자로만 버텨오던 〈1박2일〉에 커다란 변화를 준 것이다.

이러한 변화에 시청자들은 다시 환호했으며 〈1박2일〉은 여전히 일요일 저녁의 권좌를 누리고 있다. 이런 프로그램에 대해서 소비자들은 시비를 걸지 않는다. 정당한 방법으로 자기 혁신을 통해서 그 자리를 유지해 왔기 때문이다.

이번 경쟁에서 패자는 없다. 소비자의 선택을 받으려고 방송국들이 치열하게 경쟁한 결과 프로그램들이 거듭 발전하고 있다. 〈1박2일〉과 같은 강자를 잡으려면 이보다 더 뛰어난 프로그램을 제작해야 한다.

그 결과 소비자의 효용도 높아진다. 실제로 우리나라 소비자는 일요일 저녁이면 행복해진다. 리모컨을 잡고 기회비용을 따지면서 어느 프로그램을 볼 것인지 고민한다. 괴롭기도 하지만 볼 프로그램이 없어 이리저리 채널을 돌리는 시간대에 비하면 행복한 고민이다. "그래 결심했어!"라며 리모컨을 잡는다.

이런 모습은 다른 기업의 경우에도 마찬가지다. 시장에서 독과점적 지위를 누리고 있는 대기업이라고 하더라도 끊임없이 잠재적인 경쟁 기업의 위협을 받기 마련이다. 이 위협을 극복하려면 대기업이라도 소비자의 선택을 사로잡을 수 있게 부단히 자기 혁신을 해야 한다. 그리고 경쟁 기업들은 기존의 대기업을 따라잡기 위하여 기존 상품의 질을 뛰어넘는 신상품 개발을 위해 노력해야 한다. 이러한 경쟁의 결과 상품의 질이 개선되는 등 서로 긍정적인 영향을 주고받는다.

기업들은 경쟁을 하면서 동반 성장하기도 하며 더불어 시장이 커진

다. 물론 소비자가 그 혜택을 누린다.

초과이익공유?
기업의 진정한 책임을 알아?

김진국 (배재대 아펜젤러국제학부 교수)

동반성장위원회 정운찬 위원장이 초과이익공유제도를 추진하겠다고 입장을 밝힌 후 정재계에서 논란이 뜨겁다. 초과이익공유제란 대기업이 당해 목표한 이윤을 초과하면 그 해 협력한 중소기업의 기여도 등을 평가하여 초과이윤을 나누어 주는 것을 말한다. 대기업과 중소기업의 동반성장을 도모한다는 목표하에 시행한다니 그럴듯해 보이지만 실은 문제가 더 많은 제도다.

기업의 진정한 사회적 책임

수업에 들어가서 학생들에게 기업의 목표는 무엇인지 물으면 자연스럽게 '이윤극대화' 라고 입을 모아

이야기한다. 기업이 이윤을 많이 남기면 다시 사회로 환원해야 하지 않을까? 하고 물어보면 반 이상의 학생이 고개를 끄덕인다. 한 학생을 지목해서 왜 사회에 기업 이윤을 환원해야 하냐고 물으면 그 학생은 기업은 이 사회에서 나온 돈을 벌어들인 것이니까 다시 사회로 환원해야 할 사회적 책임이 있다고 대답했다. 나는 다시 '그럼 만약 기업이 이윤을 남기지 못하면 소비자들의 돈 걷어서 기업의 손실을 메어 주어야 하지 않을까?' 라고 물으니 그 학생의 표정이 멍해졌다.

기업의 가장 기본적인 사회적 책임은 무엇일까? 기업은 더 좋은 상품이나 서비스를 더 낮은 가격으로 제공하는 것이다. 그래야만 소비자들의 선택을 받아서 이윤을 남길 수 있고, 이윤을 남겨야 기업이 계속해서 생산을 늘려 사회적으로 일자리를 더 창출할 수 있다. 이윤을 많이 내는 것이 기업의 목표일뿐만 아니라 동시에 기업의 가장 기본적인 사회적 책임이다. 이윤을 남겨야 일자리도 창출해내니 말이다.

정부 정책으로 대기업의 초과이윤을 협력 중소기업과 공유하는 제도를 시행한다는 것은 사실 기업의 가장 기본적인 사회적 책임을 다하지 말라는 이야기와 같다. 기업들은 애초에 달성하기 어려운 이윤을 목표로 설정할 것이다. 초과된 금전적인 이윤을 의무적으로 나누어 주어야 한다면 애초에 초과된 이익이 발생하지 않도록 하지 않겠는가.

그리고 수많은 중소기업과 협력을 하고 있는 대부분의 대기업은 각 중소기업들의 협력 정도를 객관적이고 정확한 수준으로 측정할 기준을 세우기가 어렵다. 어느 기업이 얼마만큼의 기여를 했는지 수십 개에서 수백 개의 협력업체를 대상으로 정확하게 판단하는 것은 불가능에 가깝기 때문이다.

기업이 이윤을 가능하면 많이 내려는 것은 극히 자연스러운 일인 것이다. 그런데 이윤을 많이 냈다고 협력업체에게 나누어 주라고 하는 것은 기업이 이윤을 더 많이 내려는 기본적인 노력을 하지 말라는 이야기와 같다.

중기적합업종?
평준화 정책을 보라

김정래 (부산교육대 교수)

중기(中企)적합업종 선정의 필요성을 역설하는 논거는 중소기업의 보호, 특히 중소기업의 경쟁력 보호이다. 경쟁력 강화를 위하여 시설투자와 사업역량이 증강되어야 한다. 자력으로 힘드니까 정부가 나서서 대기업의 진입을 금지시켜야 하고 그러기 위하여 중기적합업종을 선정해야 한다는 것이다. 그러나 이 논거는 논거라고 할 가치도 없는 것이다.

우선 중기적합업종 선정기준이 무엇인가를 보자. 종업원 수를 기준으로 할 때 시장규모가 커지면 해당 중소기업은 대기업이 된다. 관료사회의 특성상 자신들이 내놓은 정책을 합리화하기 위하여 그걸 막으려면 그것은 중소기업더러 성장하지 말고 영구히 '중소기업'으로 머물러 있으라는 말이 된다. 그렇지 않고 이 정책을 고집하려면

"

다른 방책으로 해당 중소기업이 커져서 '선정기준'을 벗어나게 될 때 업종을 전환하라고 하는 것이다.

이것은 앞의 것보다 더욱 잔혹한 처방(?)이다. 잘나가는 기업에게 그동안 쌓아온 노하우(know-how)를 모두 포기하라는 것이기 때문이다. 개인으로 치면 전공을 너무 잘 살리니까 다른 사람들 생각해서 '적당히' 일하라는 것이며 그것도 안 되면 앞으로 다른 직업을 택하라는 것이나 다름이 없다.

또 업종 선정 자체가 국가 전체주의 발상이다. 이를테면 라면집은 중소기업에서 하고 라면공장은 대기업에서 하라고 법제적, 정책적으로 못 박아버리면 그럴 듯해 보인다. 그러나 이 논거는 켄터키치킨, 맥도날도 햄버거, 스타벅스 같은 체인점이 중소기업이 아니라는 점에서, 오히려 맥도날드에 빵 원료를 제공하는 밀가루공장이 중소기업이라는 점에서 어불성설이다. 라면집을 성공적으로 특화시켜서 국가 브랜드 기업으로 성장할 가능성을 아예 봉쇄하는 격이다.

이러한 발상이 평준화 정책의 폐해와 똑같이 닮아 있다. 평준화 정책은 대입전형에서 내신 성적 반영을 강제한다. 평준화되지도 않은, 정확히 말하면 평준화될 수도 없는 다양한 학교를 획일적으로 규율하기 위하여 내신제를 강구한다. 더 이상 우수한 학교, 다양한 학교가 나오는 것을 원천봉쇄하기 때문이다.

그 결과 나타난 폐해가 교육 엑소더스라고 불리는 조기유학이다. 개인적으로 보면 학생 개개인은 평준화와 내신 성적 때문에 열심히

공부할 필요가 없다. 적당한 선에서 내신등급만 올리면 된다. 대도시 학생들의 상당수가 내신 성적이 유리한 소도시나 농촌으로 전학 가는 현실이 이를 입증한다. 학교나 학생 개인이나 더 이상, 즉 당국이 시혜처럼 그어놓은 가이드라인을 넘어서서 노력하거나 성취할 필요가 없다. 평준화 정책이 교육경쟁력을 원천적으로 저하시킨다는 말은 이를 두고 하는 것이다.

모든 학교를 경쟁력 없이 '고만고만하게' 만들어 놓는다는 점에서 평준화 정책은 중소기업적합업종 선정 정책과 닮아있다. 국가가 나서서 개입하고 간섭하며 통제해 궁극적으로 발전을 저해하고 있는 것이다.

가 격 과 가격규제

약탈적 가격은 결코 경쟁자를 몰아내기 위한 좋은 방법이 아니다.
자유경쟁시장에서는 끊임없이 잠재적 경쟁의 압력을 받기 때문에
기업은 결코 독점적 지위를 누릴 수 없다.
기존의 기업이 약탈적 가격을 책정하여 사용한다면
그것은 오히려 그 기업을 스스로 함정에 빠지는 위험한 길이다.

서민의 따뜻한 겨울나기를 위해

박동운 (단국대 명예교수)

2005년 12월 말 무렵은 1973년 이후 가장 추웠는데도 많은 서민들은 연탄을 살 수 없어 추위에 떨어야만 했다. 연탄 가격 동결이 가져온 비극이었다. 그러자 산자부가 2006년 2월 초 '연탄 값 자율화' 계획을 세웠다.[10] 계획의 핵심은 '최고가격'으로 묶여 있던 연탄 값을 단계적으로 인상하여 시장왜곡을 해소하고 중장기적으로 시장기능을 강화하려는 데 있었다.[11] 드디어 시장원리가 도입된 것이다. 그 결과 2010년 당시 연탄 생산비용 상승으로 거래 가격이 다소 오

---

10) 필자는 중앙일보(2006.11.21) [내생각은…] 칼럼에 〈연탄 값 자율화해야 공급 안정〉이라는 글을 썼다. 이 글이 발표되자마자 필자는 대한석탄공사로부터 연탄 값 자율화에 관한 자문 전화를 며칠 동안 계속해서 받았다. 이를 계기로 연탄 값 자율화가 이루어진 것으로 필자는 믿고 있다.

11) 〈에너지뉴스〉, 2006. 2. 14.

르기는 했으나 공급이 수월해지면서 서민들은 더 이상 추위에 떨지
않았다.

연탄 값 동결은 시장경제 원리에 어긋나

소득 증가로 에너지 수요가 석탄에
서 석유로 빠르게 바뀌자 석탄 산업은 사양산업으로 몰락했고 연탄
은 서민의 에너지로 전락했다. 그러자 정부는 석탄 수요 감소로 광부
들이 입게 될 피해를 줄이고 이들이 수요 변화에 적응할 수 있도록
1995년에 이어 2005년에도 '석탄산업 합리화 10개년 계획'을 세웠
다. 그 결과 석탄 생산은 남아돌았다. 하지만 연탄 값 동결로 연탄 공
급은 턱없이 부족했다. 정부가 생산자와 소비자에게 보조금을 지급
한다는 명분을 내세워 연탄 값을 낮은 수준에서 소위 '최고가격'(균
형가격보다 낮게 책정한 가격)으로 동결했기 때문이다.

2005년에는 배달 비용을 제외하면 연탄 한 장의 소비자 가격이
540원으로 꽁꽁 묶여 있었다. 540원 중 정부가 356원을 보조금으로
지급했다. 보조금 356원은 생산자에게 204원, 소비자에게 152원이
지급되었다.

시장원리에 따르면 동절기에 수요가 증가하면 공급도 증가하기
마련이다. 그러나 당시 연탄 값은 540원이라는 낮은 수준에 묶여 있
어서 동절기에 수요가 증가할지라도 공급은 증가할 수 없었다. 연탄

값이 낮은 수준에 묶여진 상태에서는 204원의 보조금이 지급된다 할지라도 생산자는 생산 증가 인센티브를 갖지 못하기 때문이다. 더군다나 연탄 생산 가격은 인건비, 수송비, 토지 사용료, 이자비용 상승으로 오르기 마련이어서 생산자에게 204원의 보조금이 지급된다 할지라도 이윤 또한 보장되지 않기 때문이다.

그렇다면 대안은 없을까? 있다. 연탄 값을 동결하지 않고 자율화하면 되는 것이다. '생산비용 연동제(連動制)'를 도입하여 연탄 값이 생산비용 변동에 따라 자율적으로 결정되도록 하고 종전과 같은 비율로 보조금을 지급하면 되는 것이다. 지금 연탄 값이 생산비용 상승으로 540원에서 648원으로 20% 오른다고 하자. 종전과 같은 보조비율이 적용되면 소비자 보조금은 152원에서 182원으로, 생산자 보조금은 204원에서 250원으로 오를 것이다.

'연탄 값 자율화'라는 이 간단한 시장경제 원리를 무시하고 생산비용 상승에는 아랑곳없이 연탄 값만 '동결'하여 생산자 보조금을 204원으로 고정시켜 놓았으니 어느 생산자가 수요가 증가하는 경우에도 생산 증가 인센티브를 갖겠는가! 연탄 값을 낮은 가격으로 동결하는 것보다 연탄 값을 시장이 결정하도록 맡기는 것이 더 따뜻한 겨울을 위한 길이다.

치킨의 적정 가격은?

■ **손정식** (한양대 경제금융학부 교수)

국민 간식 치킨! 그러나 한 마리에 1만8천 원씩 하는 치킨을 국민들이 자주 먹기에는 다소 부담스러운 것이 사실이다. 올해 초 롯데마트가 한 마리에 5천 원, 각 점포에서 매일 300개씩 한정판매했던 '통 큰 치킨'이 등장했을 때 소비자들은 얼마나 반가웠는지 모른다. 그러나 이내 가격이 지나치게 싸다는 논란이 일었다. 경제신문에서도 치킨의 생산원가를 자세하게 소개하며, '통 큰 치킨' 가격 5천 원이 부당함을 암시하기도 했다.

치킨 한 마리에 5천 원은 지나치게 싼 것일까? 아니면 1만8천 원은 지나치게 비싼 것일까? 소비자들은 치킨 가격이 낮으면 좋고, 판매자들은 가격이 높으면 좋을 것이다. 그렇다면 소비자가 원하는 구입가격과 판매자가 원하는 판매가격 사이, 치킨 한 마리의 가격은 얼마여야 할까?

가격은 어떻게 결정될까?

상품의 가격 결정에 대한 경제학 이론이 몇 가지 있다. 우선 고전학파의 노동가치설이다. 노동가치설이란 상품의 가치는 생산시 투입된 노동의 크기에 따라 결정된다고 보는 입장이다. 즉 상품 가격은 여러 생산단계에서 투입된 노동가치의 합, 즉 임금 총액(생산원가)으로 결정된다고 여긴다. 상품을 만드는 데 투입한 노동자들의 땀에 대해 소비자들이 대가를 지급하는 것은 마땅한 것으로 보이기 때문에 노동가치설은 적정 가격을 결정하는 합리적인 방법처럼 보인다.

고전학파 이후에 등장한 한계효용학파는 별로 많은 노동을 투입하지 않은 상품의 가격이 노동을 많이 투입해서 만든 상품보다 훨씬 높은 것을 보고 노동가치설의 설명에 한계가 있다는 것을 발견했다. 예컨대 득음의 경지에 오르기까지 노래 연습에 일생을 바친 70대 판소리 명창보다도 인기 절정의 10대 아이돌들이 훨씬 더 높은 출연료를 받는 현상은 노동가치설로만 설명할 수 없다. 그렇다고 해서 인기 절정의 아이돌이 높은 출연료를 받는 것을 부당하다고 보기도 어렵다. 그들은 수많은 팬들에게 멋진 공연으로 감동과 즐거움을 제공하고 있기 때문이다. 단지 나이가 어리니 상대적으로 적은 노동을 투입했을 것이므로 낮은 출연료를 받아야 한다고 말하기는 어렵다.

　현대 경제학 교과서에서 가르치는 가격결정이론은 수요공급이론이다. 가격은 시장에서 수요와 공급 압력에 의해 결정된다는 것이다. 효용이 높을수록 그 상품에 대한 수요가 많아지고 따라서 가격은 높아진다. 생산원가가 낮을수록 공급이 늘어나고 가격은 낮아진다. 즉 기타 조건이 동일하다면 효용이 높을수록 가격은 비싸지고, 원가가 낮을수록 가격은 싸지는 것이 당연하다는 이론이다. 이러한 수요공급원리에 따르면 10대 아이돌의 음악을 원하는 소비자가 더 많으니 10대 아이돌의 몸값이 더 비싸다는 설명이 가능해진다.

적정 가격을 찾아서

　　　　그러나 경제학에서는 어떻게 가격이 결정되는지에 대한 시장의 법칙을 설명할 뿐 얼마가 '적정가격'인지는 말하지 않는다. 왜냐하면 사실 적정가격이란 해당 상품에 대한 개인의 가치판단이 들어가는 규범적(normative) 개념이어서 모든 사람들이 동의하는 보편적인 '적정가격'을 정하는 기준을 마련하기 어렵기 때문이다.

　우리나라 기업들은 자기네 제품가격을 인상할 때 항상 원가 상승으로 가격인상이 불가피하다는 친절한 설명을 덧붙이곤 한다. 그처럼 기업이 구차한 변명을 하는 것은 아직도 우리나라 국민들은 상품

가격이 생산원가로 결정된다는 노동가치설을 믿는 사람이 많기 때문일 것이다.

그렇지만 소비자들 취향에 맞지 않아 팔리지 않은 상품을 80% 세일해서 판매하는 사람에게 가서 가격이 지나치게 싸니까 원가 정도는 받으라고 요구할 수 없다. 또한 잘 팔리는 상품이 원가가 1만 원인데 2만 원에 팔아도 없어서 못 팔 경우 원가인 1만 원만 받고 팔라고 요구할 수도 없다. 이처럼 시장의 법칙에 어긋나게 행동하라고 다른 사람에게 강요할 수는 없는 노릇이다.

결론적으로 통 큰 치킨의 적정가격 논란은 부질없는 논란이었다. 지금은 비록 지나치게 싼 가격으로 다른 치킨 공급자들에게 피해를 준다는 여론에 밀려 5천 원의 통 큰 치킨을 만날 수 없지만 말이다. 무엇이 적정가격인지 굳이 말한다면 자유시장에서 결정되는 가격이 적정가격이라 하겠다.

연암 박지원과 로베스피에르

김이석 (자유기업원 객원연구위원)

실학자로 유명한 연암 박지원은 위정자들이 흔히 저지르기 쉬운 가격통제의 유혹이 지닌 문제를 꿰뚫어보았다. 한양에 기근이 들고 쌀의 가격이 폭등했을 당시, 자신의 상관이던 한성부윤이 한양에 가격통제 정책을 펼 것을 제안하자 연암은 이를 만류하였다. 이에 반해 프랑스혁명 때 공포정치로 유명한 로베스피에르는 최고가격제로 가격을 통제하려 했으나 많은 사람을 곤경에 빠트리고 자신의 실각도 재촉했다.

시장원리에 따라 쌀 가격 통제에 반대한 연암 박지원

한양에 기근이 들자 곡물 가격이

크게 올랐다. 곡물이 부족해질 것을 두려워한 일부 사람들은 사재기까지 하는 상황이었다. 이에 한성부윤은 왕에게 곡물가격통제와 살 수 있는 곡물의 양을 제한하는 정책을 제청하고자 했다. 당시 서울시 공무원이었던 연암 박지원은 지금 곡물의 가격을 통제하면 기근이 들지 않았던 지역에서 쌀을 싣고 한양으로 향하던 배들이 뱃머리를 돌릴 것이고 그렇게 되면 한양에서 기근의 고통은 더 커질 것이라며 이에 반대했다. 사재기에 대해서도 연암은 나라의 창고에 곡물이 있으나 민간의 창고에 있으나 미래의 기근에 대비하는 기능을 하기는 마찬가지라고 보았다. 그래서 이를 통제하는 것은 바람직하지 않다고 보았다. 다음 해에 혹시 연이어 기근이 일어난다면 민간의 창고에라도 곡물이 비축되어 있는 편이 그렇지 않을 경우에 비해 공급을 늘려 백성들의 고통이 완화된다고 보았다. 물론 내년에 풍년이 온다면 비싼 값에 곡물을 비축한 사람들은 올해 비록 마음의 평안을 얻었으나 사후적으로 손해를 볼 것이다.

시장원리에 위배되는 최고가격제로 민중의 분노를 산 로베스피에르

연암 박지원과는 달리 프랑스의 로베스피에르는 우유 값이 비싸서 가난한 이들의 아이들이 충분한 우유를 먹지 못하고 있음을 알고 우유에 대해 최고가격제(maximum price)를 실시했다. 예컨대 우유 가격을 현재 가격의 절반 이상을 받지 못하게 한 것이다. 그렇게 하면 소득이 낮은 사람들도 아이들에게 우유를 충분히 먹일 수 있을 것이라고 잘못 판단한 것이다. 그러나 명령 하나로 사람들을 더 풍족하게 만들 수 있다는 발상 자체가 문제였다.

우유 가격을 일정 가격 이하로만 받도록 하자 우유는 곧바로 품귀현상을 보이기 시작했다. 우유를 사고자 하는 사람은 종전에 비해 급격히 늘어난 데 비해 이를 팔고자 하는 사람들은 급격하게 줄어들었기 때문이다. 사람들은 우유를 구하기가 더 힘들어졌다. 서슬 퍼런 공포정치 아래에서 아무도 감히 최고가격보다 더 받으려고 하지 않았지만 가난한 사람들로서는 우유를 구하는 것 자체가 거의 불가능해졌다. 최고가격의 몇 배를 주겠다고 해도 우유를 구할 수 없게 된 것이다.

이렇게 수급의 불일치가 극심해지면 암시장이 만들어져 그곳에서는 시장의 수급 원리에 맞게 재화들이 공급됨으로써 규제된 공식 시장에서 발생된 문제들이 풀려가는 것이 보통이다. 그러나 공포정치는 이런 암시장의 발달마저 어렵게 만들었다. 최고가격에 왜 우유를 공급하지 않는지 알아보았더니 사료 값 등을 포함하면 그 가격으로는 공급하기 어렵다는 사정을 알게 된 로베스피에르는 이번에는 사료에 대해 최고가격제를 실시했다. 어떤 일이 벌어질 것인지 우리는 충분히 짐작할 수 있다. 우유뿐만 아니라 이번에는 사료를 이용해 만들어진 여타 품목들까지 품귀현상을 빚었다. 시장가격보다 저렴한 가격에 아이들에게 우유를 먹여주겠다던 약속은 정반대의 상황을 연출했고 이에 분노한 시민들은 형장으로 끌려가는 로베스피에르를 동정하기는커녕 '더러운 최저가격(dirty maximum price)'이라고 저주를 퍼부었다. 로베스피에르의 선한 의도에서 출발했지만 나쁜 경제학을 견지했던 탓에 자신을 포함해 모두를 더 불행하게 만들었다.

우유에 대한 최고가격제가 불러온 문제를 솔직히 시인하고 이를 철폐했더라면 상황의 악화를 막을 수 있었을 것이다. 그러나 보통 이를 솔직히 인정하고 정책을 바꾸는 용기를 정치인에게서 발견하기란 쉽지 않다. 정치가들은 정책이 의도대로 되지 않으면 '탐욕스러운 투기꾼들'에게 그 죄를 뒤집어씌우고 그 정책을 더욱 서슬 퍼렇게 실행하곤 했다.

군수물자 가격통제의 실패와 제도적 실업

가격통제의 잘못된 사례들은 그 외에도 정말 많다. 4천 년 동안 이어져온 가격통제의 오류는 주로 곡물 등 식료품의 가격과 임금에 대해 가해졌다. 곡물에 대해서는 주로 최고가격제가 임금에 대해서는 주로 최저가격제, 즉 최저임금제도가 시행되었지만 모두 정책의 의도를 달성하지 못했다. 그중 돋보이는 사례 하나는 가격통제를 통해 군수물자를 획득하려던 시도가 실패한 것이었다. 미국이 영국과 독립전쟁을 벌이면서 미국 조지 워싱턴의 군대는 식량을 비롯한 군수물자를 가격통제로 쉽게 확보하고자 했다. 그러나 가격통제로 민간에서 군수물자의 공급을 기피하자 군인들은 기아에 내몰렸고 워싱턴의 군대는 적과 제대로 싸우지도 못하고 기아에 패배하고 말았다. 이 벨리 포지 전투의 교훈을 잘 새긴 미국 독립군은 군수물자 가격을 통제하는 어리석음을 더 이상 범하지 않았다(Robert Lindsay Schuettinger 외, Forty Centuries of Wage and Price Control, Heritage Foundation 1979, 그리고 정갑영, "물가규제와 벨리 포지의 교훈" 한국경제연구원, 케리칼럼, 2011.2.16).

최저임금제도 대표적인 시장가격 통제의 사례이다. 최저임금제는 시장가격보다 더 높은 임금을 강제함으로써 그 임금에 고용되고자 하는 사람은 많은 반면 이들을 모두 고용할 수는 없어 '소위 제도적 실업(institutional unemployment)'을 야기했을 뿐이다.

원가에 기초한 가격통제

시장에서 가격은 수요와 공급의 상황에 의해 결정되는 것이지 투입된 노동력 등 원가에 의해 결정되지 않는다. 아무리 많은 원가가 들었더라도 사는 사람이 없으면 그 물건의 시장가격은 0일 수 있다. 앞에서 보았듯이 한양에서 기근이 들어 수요는 그대로인데 공급이 크게 줄어 쌀의 가격이 급등하면, 다른 지역의 쌀이 배에 실려 한양으로 온다. 그런데 만약 쌀의 생산 원가를 계산해서 그 원가에 맞추어 쌀의 최고가격제를 시행한다고 하면 한양의 쌀 수급사정은 악화될 것이다. 그런데 최근 우리나라 정부에서는 반값 아파트·반값 등록금 정책이 제안되고, 납품단가를 생산원가에 연동해야 한다는 주장이 나오는가 하면 휘발유의 생산원가를 계산해서 이 원가에 적정이윤을 합한 가격으로 시장가격을 통제하겠다는 정책이 지식경제부 장관의 입에서 오르내렸다. 이런 상황을 연암이 보았더라면 무엇이라고 했을까?

가격, 의료대란을 막아내다

최광 (한국외국어대 경제학과 교수, 前 보건복지부 장관)

먼저 1998년 1월 9일자 유력 신문의 의료대란 관련 기사를 보자.

"의료용품 수입 및 공급 차질이 두 달째 계속돼… 지금과 같은 상태가 지속되면 아무리 버텨봤자 2월 말이면 한계에 도달할 것"이라며 "돈이 있어도 일회용 주사기를 구할 수 없어 환자를 곧 돌려보내야 할 판"이라는 하소연이었다. 일부 병원에서는 수술을 받는 환자에게 "흉터를 안 남기려면 수입한 실을 써야 하니 의료기기 상점에서 물건을 사오라"고 요구하는 사태에 이르렀다.

의료대란의 원인

당시 의료대란 발생의 근본 원인은

진단시약, 일회용 주사기, 봉합사, 인공심장판막 등 수술관련 의료용품의 수입 및 공급이 이루어지지 않은 때문이었다. 의료용품 수요는 고정되어 있는 상태에서 당시 한국의 외환위기로 환율이 급상승한 까닭이었다. 환율이 오르면서 대부분 수입에 의존하던 핵심 의료 용품의 가격도 크게 올랐다.

그러나 그 요인이 의료용품 가격에 반영되지 못했다. 비싸게 사서 싸게 환자들에게 공급할 입장이 된 병원과 환율이 올라 비싸게 수입할 수밖에 없는 업자 사이에 가격을 두고 실랑이가 벌어졌다. 의료용품의 수입이 이루어지지 않거나 수입을 했더라도 병원에 공급을 하지 않아 수술 예정 환자들만 발을 동동 굴렸다.

의료대란을 방어한 비책

당시 보건복지부 장관 업무를 수행 중이던 필자는 매체의 의료대란 아우성에 부서 전체 간부회의를 소집했다. 회의의 전체적인 중론은 복지부에 '의료대란대책본부'를 설치하고 다음 날부터 병원들과 수입업자들의 협회나 단체를 불러 협조를 요청하고 행정지도를 강화하자는 것이었다. 필자는 간부회의를 서둘러 종결하고 담당 국장과 과장을 장관실로 불러 "현장에 나가 관련 의료용품에 대해 환율 상승을 포함하여 모든 원가 상승요인을 정확히 조속히 조사해 보고하세요" 라고 지시했다.

사흘 후 보고를 하는데 용품에 따라 최저 12%에서 최고 138%의 상승요인이 있다는 것이다. 필자는 "조사된 상승요인 수치에 대해 그 정확성을 책임질 수 있습니까?" 하고 되물었다. "우리를 믿으셔도 됩니다"라는 답변을 듣고 "그럼 그것을 반영해 가격을 올리세요" 하고 결제를 했다.

의료대란대책본부는 설치되지 않았고 협조요청도 행정지도도 물론 없었다. 의료용품공급이 원활해져서 그렇게 우려하던 의료대란은 처음부터 발생하지 않았다. 통상적 방법이던 행정지도로 대응을 했더라면 어떻게 되었을까?

과천의 공무원 세계에서는 비용 상승요인이 있더라도 통상 10% 미만으로 올렸지 세 자리는 물론 두 자리 수치로 올리는 것도 상상하기 힘들었다. 필자는 관례 아닌 관례를 무시하고 모든 품목에 대해 상승요인만큼 가격을 인상하도록 조치했다. 시장과 맞붙어 싸워 의료대란을 극복한 것이 아니라 시장의 힘을 잘 이용해 의료대란이 처음부터 발생하지 않았다.

서민들이 집 구하기 어렵게 된 이유

박동운 (단국대 명예교수)

　'영세상인을 위한 상가임대차보호법'은 과도한 월세 인상을 요구하는 건물주의 횡포를 막아 영세한 상인들을 보호하고자 민주노동당이 발의하여 김대중 정부 때 도입되었다. 2003년부터 시행된 이 법은 일정금액 이하의 임대보증금에만 적용되었고(서울은 2억4천만 원 이하), 5년간 임대료 인상률이 현행 9%로 제한되었다. '영세상인을 위한 상가임대차보호법'은 이후에 어떤 결과를 가져 왔을까?

　이 법이 실제 시행되기도 전에 건물주들은 임대료를 일제히 올려버렸다. 시행 전인 2002년 11월경 강남, 신촌, 여의도 등 서울지역 주요 상권의 영세상인과 관련된 임대료는 평균 50% 이상 폭등했다. 시행 직후 전국 평균 임대료 상승률은 85%나 되었던 것으로 알려졌다. 이 법이 영세 상인을 보호하기는커녕 오히려 피해를 주었다는 사실을 기억해야 한다.

같은 실수를 반복하려는가

민주당은 지난 2011년 2월 전월세 대란 해소를 위해 전월세 계약갱신 때 그 인상률을 연 5% 이내로 제한하는 내용의 전월세 상한제 도입을 당론으로 내세웠다. 앞에서 본 '영세상인을 위한 상가임대차보호법' 과 상당히 닮아있다.

이를 놓고 한나라당은 처음에는 시장논리에 어긋난다고 반대하다가 포퓰리즘에 밀려 지역에 따라 '관리지역' 과 '신고지역' 으로 구분하여 실시하는 전월세 상한제를 도입하겠다고 발표했다. 이어 여야는 전월세 상한제를 4월 안에, 이어 6월 안에 도입하겠다고 합의했으나 아직까지 도입은 이뤄지지 않았다. 전월세 상한제 도입이 지연된 이유는 정치권도 문제점을 알고 있기 때문이다.

전월세 상한제는 시장경제원리에 어긋나

전월세 상한제는 엄연히 강제적 가격규제에 해당한다. 전월세 가격은 주택 공급에 비해 전월세 수요가 많기 때문에 오르고 있는데 법적으로 그 가격을 일정 수준 이상 받지 못하도록 제재한다면 주택 공급은 더욱 줄어들게 될 것이다. 당장은 전월세 가격이 많이 오르지 않는 것처럼 보이지만 실제로는 주택공급을 더욱 줄여 전월세난을 부추기는 결과를 가지고 올 것이다.

실제로는 전월세 가격을 안정시키려는 취지의 전월세 상한제를 시행하면 당장 다음 날부터 전월세 가격이 어제에 비해 폭등할 것이다. 현행법상 전월세 계약기간은 2년이므로 전월세 인상률이 '2년 동안 10% 이내'로 규제한다면 집주인은 이를 피하려고 계약 때 전월세를 많이 올려서 받으려고 할 것이기 때문이다.

만약에 주택정책이 실효를 거두어 전월세 공급이 수요를 웃돌아 전세금이 하락할 때도 전월세 상한제는 독소조항으로 남게 될 수 있다. 전월세가 떨어지고 있는데도 전국의 모든 집주인들이 '전월세 상한제 법'을 내세워 2년간 10% 정도 인상을 요구하게 된다면 세입자들은 피해를 입는다.

그리고 민주당의 '계약갱신청구권'이 도입되어 세입자가 4년 동안 마음 놓고 살 수 있다면 집주인이 어떤 이유로 자기 집을 반드시 팔아야 할 경우에도 팔 수 없는 상황이 발생할 것이다. 전월세 상한제로 주택 소유자가 집을 임대해줄 때도 정부가 정한 강제적인 가격 규제를 받고 주택 매매까지 법적으로 제재를 받는다면 헌법이 보장하는 사유재산권 침해가 우려된다.

가격규제에 따른 피해는 국민에게 돌아와

시장경제에서 경제정책의 핵심내

용은 가격 기능 활성화에 있다. 정부가 시장경제 원리를 무시하고 법으로 억지로 규제한다면 '시장의 보복'은 고스란히 국민들이 받는다. 전월세 상한제 도입한다면 전월세 폭등을 가져와 결국 세입자에게 큰 피해를 주게 될 것이다.

약탈적 가격?
브롬전쟁을 보라

안재욱 (경희대 경제학과 교수)

브롬은 진통제와 필름을 현상하는 데 사용되는 화학약품이다. 1900년대 초에는 화학약품을 생산하고 공급하는 업체가 거의 없었다. 그 당시에 세계 화학약품 시장을 지배하고 있던 나라는 독일이었다. 미국 정도가 독일의 경쟁자로서 떠오르고 있었는데 다우케미컬과 오하이오 강을 따라 포진하고 있던 몇몇 중소업체가 브롬을 미국 내에서만 팔고 있던 수준으로 독일과 비교가 되지 않는 규모였다.

당시 약 30개의 독일 기업들이 모여 '독일브롬연합(Die Deutsche Bromkonvention)' 이라는 카르텔을 만들었다. 독일브롬연합은 브롬 가격을 파운드당 49센트로 책정하여 많은 이윤을 얻고 있었다. 다우케미컬과 다른 미국회사들은 미국에서 36센트에 브롬을 팔았다. 독일브롬연합은 자신들은 세계시장을 대상으로 장사할 테니 미국 기업은 미국에서만 장사하라고 경고했다.

그러나 다우는 그것을 거부했고 미국의 브롬을 영국과 일본까지 판매를 늘리고 카르텔 가격 이하로 판매했다. 그러자 독일브롬연합은 카르텔 가격 49센트와 다우 가격 36센트보다 훨씬 낮은 파운드당 15센트에 브롬을 미국 시장에 대량 공급하기 시작했다. 독일브롬연합은 자신들은 충분한 자금을 가지고 있으며 정부의 지원을 받고 있기 때문에 생산비 이하로 미국에서 브롬을 오랫 동안 공급할 수 있다고 다우를 압박했다.

이렇듯 경쟁기업을 몰아내기 위해 가격을 아주 낮게 책정하는 것을 '약탈적 가격(predatory pricing)'이라고 한다. 아주 낮은 가격으로 시장에서 독점적 위치를 점하고 나면 다시 가격을 많이 올려 소비자를 착취하기 때문에 이에 대해서 정부가 규제해야 한다는 비난의 목소리가 많다.

그러나 실제로는 자유경쟁시장에서 '약탈적 가격'이라는 것은 존재하기 어렵다. 만약 어떤 기업이 경쟁자를 시장에서 몰아내기 위해서 가격을 아주 낮게 책정한다면 낮아진 가격으로 소비자는 이익을 본다. 문제는 낮아진 가격으로 경쟁자가 시장에서 퇴출된 이후 그 기업이 다시 높게 가격을 책정할 수 있는가 하는 점이다.

정답은 실제로 그 기업은 다시 가격을 올릴 수 없다. 만약 가격을 올리면 높아진 가격 때문에 생긴 이윤기회를 다른 경쟁자가 포착하여 그 시장에 낮은 가격으로 진입한다. 기존의 기업과 경쟁하기 위해서 뛰어든 새로운 업체는 비용, 기술, 서비스 면에서 더 나은 경쟁력을 가지고 있을지도 모른다. 그러나 기존의 기업은 원래의 독점적 위치를 지키기 위해서 가격을 낮게 유지하거나 더 낮게 책정해야 할 것이다.

또한 약탈적 가격이 경쟁자를 몰아내는 것이 아니라 오히려 경쟁자를 도와주는 역할을 할 수도 있다. 어떤 기업이 경쟁자를 몰아내기 위해 아주 낮은 가격을 책정했는데 경쟁자가 그 기업이 생산한 제품을 싸게 사서 다른 곳에 가져다 팔 수 있다면 비용을 적게 들이고 돈을 벌 수 있는 것이다.

앞서 말한 미국의 브롬생산업체 다우케미칼(Dow Chemical Company)이 대표적인 예이다. 독일브롬연합이 다우를 공격하기 위해 파운드당 15센트라는 낮은 가격으로 미국 시장에 진출했을 때 다우는 이에 굴하지 않았다. 오히려 다우는 뉴욕에 있는 자신의 대리인을 시켜 15센트에 독일브롬 수십만 파운드를 구매하라고 했다. 그리하고 나서 그것을 다시 포장하여 독일을 포함한 유럽에 파운드당 27센트에 팔았다.

상황이 어떻게 돌아가고 있는 줄을 모르는 독일카르텔은 다우가 시장에서 퇴출되지 않자 미국 시장에서 브롬 가격을 12센트, 10센트로 계속 내렸다. 한편 다우는 계속 값싼 브롬을 사서 유럽에 27센트에 계속 판매했다. 이 때문에 독일브롬연합은 미국뿐만 아니라 세계 시장에서의 가격을 낮추지 않을 수 없었다. 이것으로 독일브롬연합의 자원은 더욱 고갈되었고 막심한 손해를 보게 되었다. 그와는 반대로 다우는 외국시장에서 판매량을 늘려 나갔고 브롬생산의 가동률을 최고로 높였으며 독일브롬연합의 희생 덕분에 많은 이익을 얻었다.

마침내 사태를 파악한 독일브롬연합은 다우와 협상했다. 독일은 미국에서 브롬을 판매하지 않기로 하고 다우는 독일에서 판매하지 않기로 양자가 합의했다. 그리고 세계 다른 지역은 자유경쟁하기로 했다. 브롬전쟁은 그렇게 끝이 났다. 결론적으로 세계시장에서 브롬가격은 낮아져서 덕분에 소비자들의 이익은 증가했다.

이렇듯 약탈적 가격은 결코 경쟁자를 몰아내기 위한 좋은 방법이 아니다. 자유경쟁시장에서는 끊임없이 잠재적 경쟁의 압력을 받기 때문에 기업은 결코 독점적 지위를 누릴 수 없다. 기존의 기업이 약탈적 가격을 책정하여 사용한다면 그것은 오히려 그 기업을 스스로 함정에 빠지는 위험한 길이다.

그럼에도 불구하고 어느 한 기업이 가격을 인하하면 약탈적 가격을 이용하여 독점을 유지한다는 주장이 끊임없이 제기되는 것은 이러한 원리를 제대로 이해하지 못해서 생긴 오해다. 더욱 재미있는 것은 기업이 가격을 인하하면 약탈적 가격이라고 문제를 삼고 가격을 올리면 기업들 간에 담합이라고 또 문제를 삼는다는 사실이다.

참고문헌

Burton W. Folsom Jr. "Herbert Dow and Predatory Pricing," Freeman, Volume 48, Issue 5, May 1998.

7장

돈으로 얽히고설킨 그 연결 고리에서 어느 한 곳만이라도
삐걱거리면 그 연결 고리는 한순간에 무너진다.
신용사회라는 용어는 신뢰하지 않으면 공멸(共滅)할 수 있다는
무시무시한 경고의 말과 다름이 없다.

100조 짐바브웨달러와 계란 3개

안재욱 (경희대 경제학과 교수)

전 세계에서 액면가가 가장 높은 화폐는 100조 짐바브웨달러이다. 지폐 한 장이 100조라니 놀랍지 않은가. 이 화폐는 전 세계적으로 선물용으로 큰 인기를 누리고 있다. 2008년 100조 짐바브웨달러가 발행될 당시 이 돈으로 계란 3개를 살 수 있었다고 하니 화폐 가치가 얼마나 낮은가를 짐작할 수 있다.

2008년 2월 짐바브웨의 중앙은행이 공식적으로 발표한 2008년 1월의 연 인플레이션율은 24,470%였다.[12] 2007년 10월에 발표했던 인플레이션율이 약 8,000%로 4개월 사이에 인플레이션율이 3배나

---

[12] CNN뉴스(2008년 2월 1일).
http://www.cnn.com/2008/WORLD/africa/02/01/zimbabwe.inflation.ap/index.html

증가한 것이다. 앞의 24,470%는 정부가 발표한 공식 통계이고 실제로는 훨씬 높은 150,000%라고 추정되고 있다. 닭고기의 가격이 2007년 1월과 2008년 1월 사이 236,000% 이상 올라 kg당 1,500만 짐바브웨달러이고 그나마 적게 오른 설탕, 차, 기타 생필품의 가격도 150,000%나 올랐다.

이와 같이 화폐의 가치는 떨어지고 상품이나 서비스의 가격이 상승하는 것을 인플레이션이라고 한다. 짐바브웨의 살인적인 하이퍼–인플레이션은 로버트 무가베 짐바브웨 대통령이 통치에 필요한 자금을 조달하기 위해 화폐를 무작정 찍어 냈기 때문이다. 정부가 무작정 돈을 찍어내면 시중에그 화폐가 대량으로 공급되기 때문에 그 돈으로 살 수 있는 물건은 부족해진다. 따라서 화폐는 많아도 화폐가치가 떨어져서 인플레이션이 발생한다.

인플레이션의 종류

18세기 초에는 인플레이션은 단순히 통화량 증가를 의미했다. 정부나 중앙은행이 화폐 발행을 늘려 유발되는 통화팽창을 의미했고 이것을 '화폐인플레이션(Money Inflation)' 이라고 한다. 그 당시에는 통화팽창은 물가 상승을 유발하지 않고 경제 성장을 촉진한다고 여겨졌다.

그러나 18세기 말부터 아담 스미스를 비롯한 고전학파 경제학자들은 통화팽창으로 경제가 성장하는 것처럼 보이지만 이것은 환상임을 주장하면서 오히려 물가를 상승시킬 뿐이라고 했다. 현대에 와서는 통화팽창의 결과로 화폐가치가 하락하고 물가가 상승하는 현상을 인플레이션이라고 하며 화폐인플레이션과는 구별하여 '물가인플레이션(Price inflation)'이라고도 한다.

일부에서는 독점 기업이 상품이나 서비스 가격을 비싸게 받아서 물가가 올라간다고 주장하거나 강력한 노동조합이 임금을 상승시켜 인플레이션이 유발된다고 주장한다. 이를 '이윤인상 인플레이션(Profit-push inflation)'이라고 한다.

불가능한 이윤인상 인플레이션

이러한 기업이나 노조에 의한 이윤인상 인플레이션은 엄밀히 말해 틀린 주장이다. 독점기업은 자신들의 이윤을 극대화하는 가격을 책정한다. 이 가격은 물론 완전경쟁시장에서 생성된 가격보다 높을 것이다. 그러나 독점기업이라도 정해진 가격에서 더 높은 가격을 책정할 수는 없다. 이윤은 오히려 떨어진다. 따라서 독점기업은 높은 가격을 책정하지만 가격을 올리지는 못한다. 따라서 독점기업이 지속적으로 물가가 상승하는 인플레이션을 야기한다는 것은 틀린 이야기다.

그뿐만 아니라 만약 어떤 산업이 새로 독점이 되면 그 독점 재화의 가격은 올라갈 수 있다.[13] 그러나 그것이 전체 물가수준에 어떤 영향을 미칠지는 분명하지 않다. 왜냐하면 그 독점 재화를 구입해야 하는 소비자들은 예산제약이 있어 다른 재화의 소비를 줄여야 하기 때문이다. 다른 재화에 대한 소비 감소로 그 재화들에 대한 가격이 하락하면 일반적인 물가수준은 떨어질 수도 있고 변하지 않을 수도 있다.

통화관리의 중요성

과다한 통화발행으로 경제가 파탄 났던 국가는 1차 세계대전 이후 독일과 최근의 짐바브웨뿐만이 아니다. 2차 세계대전 이후 그리스와 헝가리, 그리고 1990년대 유고슬라비아 등이 있다. 뿐만 아니라 1930년대 대공황, 1990년대 말 동아시아 국가들의 외환위기 그리고 최근 미국에서 발생한 서브프라임 모기지 사태 등의 근본적인 원인은 통화교란이었다.

노벨경제학상 수상자인 시카고대 밀턴 프리드만 교수는 인플레이션은 언제 어디서나 화폐적 현상이라고 주장했다. 경제의 가장 불

---

13) 독점에 대한 정의에 대해 주의할 필요가 있다. 어떤 산업에서 한 개의 기업이 존재한다고 해서 그 산업을 독점이라고 할 수 없다. 독점은 기업의 수가 많고 적음에 있는 것이 아니라 진입장벽의 유무에 있다. 따라서 진입장벽이 없다면 잠재적 경쟁자가 존재하여 경쟁의 압력을 받기 때문에 한 개의 기업만이 존재해도 그 산업은 경쟁적인 것이다. 한편 진입장벽이 있는 경우에는 많은 기업이 존재해도 그 산업은 비경쟁적이다. Landes, W. and Posner, R. (1981). "Market Power in Anti-Trust Cases," Harvard Law Review, 94, p. 937-96 참조.

안정한 요인이 통화다. 통화관리를 잘하지 못하면 경제가 심각한 위기에 처한다는 것은 많은 역사적 사례를 통해 증명되었다. 효과적인 통화관리를 통해 경제가 안정적으로 성장할 수 있도록 만전을 기해야 할 것이다.

화폐를 돼지로 한다면?

배진영 (인제대 국제경상학부 교수)

남태평양의 소국(小國) 바누아투의 북동쪽에 있는 작은 섬 펜타코스트에도 은행이 있다. 그런데 그 은행에는 1센트의 동전 하나 없다. 거기에는 주렁주렁 매달린 돼지 이빨과 조개뿐이다. 그곳의 주민들은 돼지 이빨이나 조개로 물건들을 사고팔며 자녀들을 학교에 보내고 병원에 가기도 한다. EBS는 2년 전 〈행복한 섬, 바누아투〉라는 제목으로 돼지를 화폐로 하는 전통경제를 취재했다. 바누아투 인구의 10%만이 현대 은행의 예금계좌를 가지고 있을 뿐, 나머지 90%는 돼지 이빨이나 조개와 같은 상품을 화폐로 사용하는 전통경제 속에 살고 있다. 바누아투 국립박물관 명예 큐레이터인 커크 호프만은 "현대의 서구경제가 내일 붕괴된다 하더라도 전통경제를 따르는 바누아투는 절대 그 영향을 받지 않을 것이다"라고 말했다. 왜 그럴까?

신용사회의 어두운 그림자

우리 사회를 '신용사회'라고 한다. 필자가 이 말을 처음 접했을 때 우리 사회가 서로를 신뢰하는 아름다운 사회나 그런 사회로 나아가야 하는 의미로 어렴풋이 이해했다. 신용사회의 의미가 이와는 정반대로 사람들 간의 신뢰를 한순간에 무너뜨리고 남을 믿지 않고 경계하면서 살지 않으면 현대를 살아갈 수 없다는 것을 의미한다는 것을 깨달은 것은 그리 오래되지 않았다. 신용사회에서 우리는 국가에서 발행하는 화폐를 강제로 신뢰해야 하고 은행을 믿고 돈을 맡길 수 있어야 하며 은행에서 빌린 돈을 떼먹지 말아야 한다. 그래야만 사회가 제대로 돌아간다. 돈으로 얽히고설킨 그 연결 고리에서 어느 한 곳만이라도 삐걱거리면 그 연결 고리는 한순간에 무너진다. 신용사회라는 용어는 신뢰하지 않으면 공멸(共滅)할 수 있다는 무시무시한 경고의 말과 다름이 없다.

한국은행이 발행한 화폐는 2011년 4월 43.8조 원에 이른다. 이것은 이 화폐로 43.8조 원 가치의 제품과 교환할 수 있다는 것을 국가가 약속한 것이다. 즉, 국가가 43.8조 원의 신용을 창출한 셈이다. 만약 물가가 조금이라도 상승하면 국가는 그 약속을 지킬 수 없다. 하물며 인플레이션이 아주 심하다든지 더 나아가 국가의 재정이 파산 지경에 이르면 43.8조 원은 휴지와 다를 바 없어진다. 국가가 어느 날 느닷없이 지금의 화폐는 쓸모없다고 공포하기라도 하면 돈만 갖고 있는 사람들은 알거지가 될 수밖에 없다. 있을 수 없는 일이라 하겠지만 국가는 그런 일을 자행할 수 있다. 우리는 얼마 전 북한에서 화폐개혁이라는 미명하에 국가가 이런 일을 저지르는 것을 목격했다.

그런데 국가가 만들어낸 신용은 시중은행을 위시한 금융기관들이 창출한 신용에 비하면 아무것도 아니다. 이들은 국가가 발행한 화폐액보다 무려 40배에 이르는 신용을 창출해 한국 사회에 유통시키고 있다. 언제든지 또는 조금의 불이익을 감수한다면 언제든지 화폐처럼 사용할 수 있는 광의의 통화(M2)가 2011년 4월 1,684.8조 원에 이른다. 그들이 빌려준 돈의 일부를 받지 못하면 연쇄적으로 돈을 갚지 못하는 일이 발생한다. 국가의 신용 위에 40배의 높이로 쌓여진 허상의 신용이 한순간에 붕괴될 수 있음을 우리는 항상 걱정해야 한다.

2008년의 세계적 금융위기

1920년대의 대공황과 2008년의 금융위기는 신용사회가 초래한 위기였다. 2001년 이후 미국 연방준비위원회(이하 연준)는 저금리 정책을 시행했고 저금리에 의해 창출된 과잉 유동성이 서브프라임 대출 형태로 주택시장으로 마구 쏟아져 들어가 주택가격의 거품을 키웠다. 연준이 과잉 유동성의 부작용을 우려하여 금리를 올리자 주택가격이 하락하기 시작했다. 그러자 은행으로부터 대출을 받아 집을 산 사람들이 빚 갚는 것을 포기할 수밖에 없었고 은행들의 부실채권이 급속히 증가했다. 이때 꼬리에 꼬리를 물면서 만들어 놓은 파생 금융상품을 통해 창출된 신용이 금융위기의 저변으로 폭발의 순간을 기다리고 있었다. 주택가격의 하락은 그 뇌관에 불을 붙인 격이었다. 서브프라임 대출을 기초로 하여 만든 모기지 유동화증권(MBS)의 가치가 급격히 하락했고 여기에 투자한 리먼 브라더스와 같은 투자은행들이 파산했다. 모기지 유동화증권을 기초로 하여 만든 또 다른 파생금융상품인 부채담보부증권(CDO)에 투자한 외국은행들과 헤지펀드들이 대규모 손실을 보면서 금융위기가 전 세계적으로 확산되었다.

바누아투 사람들은 국가나 은행 때문에 자신의 소득과 재산이 침해당할 일은 없었다. EBS가 바누아투를 취재하던 2009년은 미국의 금융위기로 세계경제가 휘청거리던 때였다. 세계금융의 연쇄 고리에 놓여 있지 않던 바누아투는 당연히 이 위기와는 상관이 없었다. 게다가 그곳에서는 자체적으로 인플레이션이나 대량실업과 같은 경기변동은 일어나지 않았다. 왜냐하면 상품화폐의 경제에서는 신용의 시작인 화폐 창출이 근본적으로 억제되기 때문이다. 물론 그곳에서도 제품의 가격은 개인의 선호나 제품의 재고량이 변화에 의해 변동한다. 그러나 그것은 경제 전반에 걸친 지속적인 가격 상승은 아니다. 그렇기 때문에 현대경제에서처럼 개인의 행위와는 상관없이 국가나 은행의 신용창출 때문에 자신의 소득과 재산이 침해당하는 일은 없다. 그리고 신용의 고리가 붕괴되어 대량실업으로 사회 곳곳이 신음

해야 할 사태도 일어나지 않는다. 개인은 단지 자신의 행위에 대한 대가를 받을 뿐이다. 신용창출로 누구는 부자가 되고 누구는 가난해지는 일은 그곳에서 일어나지 않는다.

그렇다고 해서 이제 우리가 바누아투와 같은 상품화폐의 경제로 돌아갈 수는 없다. 최선의 방법은 금이나 은과 같이 금속본위제로 돌아가는 것이지만 그것도 가능할 것으로 보이지 않는다. 우리가 할 수 있는 차선은 국가의 통화량 증대를 준칙(準則)에 의하도록 하고 시중은행의 무분별한 신용창출을 항상 경계하는 것뿐이다.

컴퓨터 가격 하락과 성장 디플레이션

안재욱 (경희대 경제학과 교수)

1980년에서 1999년까지 기간 동안 동일한 성능을 가진 컴퓨터의 가격이 90% 하락했다. 그러나 이와 같은 극적인 물가 하락에도 불구하고 컴퓨터 생산은 1980년 49만 대에서 1999년 4,300만 대로 급격히 증가했다. 일반적으로 물가가 하락하면 경제활동이 침체되는 이른바 디플레이션이 오기 마련인데 컴퓨터는 어째서 가격이 떨어졌는데도 생산량은 급증하게 되었을까?

디플레이션에 대한 오해

사람들이 일반적으로 물가가 상승하는 인플레이션보다 물가가 하락하는 디플레이션이 더 큰 문제라고 생각한다. 물가하락으로 발생한 디플레이션이 경제를 침체시키고 사회적 후생을 떨어뜨린다고 우려하기 때문이다.

그러나 디플레이션에는 두 가지가 있다. '불황 디플레이션'과 '성장 디플레이션'이다. 우리가 우려하는 것은 '불황 디플레이션'이다. 물가하락으로 가동되지 않는 시설과 설비가 쌓이고 실업이 발생하는 경우다. 그러나 만약 물가가 하락하더라도 활동이 활발하여 유휴설비가 없고 실업이 발생하지 않는다면 그것은 우려할 일이 아니다.

더구나 물가가 하락하면서 고용과 생산이 증가한다면 오히려 사회적 후생이 증가하는 매우 좋은 상태가 될 것이다. 이러한 생산성 증가에 따른 물가하락이 바로 '성장 디플레이션'이라고 부른다.

이러한 '성장 디플레이션'이 경제전반에 걸쳐 일어난다면 소비자의 이득은 더욱 커지고 생활수준이 향상된다. 미국 경제가 괄목할 만한 경제적 번영을 누렸던 1789년부터 1913년까지의 기간이 그러했고 최근의 중국이 그렇다. 중국은 1998년부터 2001년까지 소비자물가가 약 0.8%~3.0% 하락하면서 실질 GDP는 연평균 7.6% 상승했다.

그리고 과거 100년간 17개국에서 발생한 디플레이션을 실증 분석한 앤드류 애커슨과 패트릭 키호의 최근 연구의 결과를 보면 대공황을 제외했을 경우 디플레이션 중 90%의 사례에서 불황은 뒤따르지 않았으며 '디플레이션과 불황이 관련된다는 주장은 사실상 근거가 없다.'[14]

통화량 조절의 위험성

　　　　　　　　　　　　이 사실은 물가안정을 목표로 삼는 각국 중앙은행의 통화정책이 경제를 왜곡시킬 수 있음을 말해준다. 앞의 사실에서 본 것처럼 기술진보에 따른 생산성 증가가 있을 경우 물가는 자연스럽게 하락한다. 이때 물가가 하락한다고 해서 물가를 안정을 목표로 중앙은행이 통화량을 증가시킨다면 오히려 경제를 불안정하게 만드는 것이다.

　이렇듯 정부나 중앙은행의 개입으로 무조건적으로 물가를 안정시키는 것은 자칫 시장참가자들의 자발적 행위를 방해하는 것이 될 수 있다. 이런 개입은 가격의 정보전달 기능을 떨어뜨려 시장참가자들의 경제적 교환을 방해하고 시장경제를 교란시킨다. 그러므로 생산성 증가에 따른 물가하락이 있을 경우 물가를 안정시킨다는 목표하에 무조건적으로 확대통화정책을 쓰는 것은 잘못이다. 그것은 오히려 사회적 후생을 감소시키는 것이 된다.[15]

---

14) Atkeson, Andrew and Patrick J. Kehoe (2004). "Deflation and Depression: Is There an Empirical Link?"American Economic Review, vol. 94(2), p. 99–103, May.

15) 생산성 기준에 의한 통화정책과 제로 인플레이션 통화정책 간의 경제학설적 논쟁에 대해서는 Selgin(1996, 163–189)을 참조하기 바람.

악화가 양화를 몰아낸다고?

안재욱 (경희대 경제학과 교수)

헨리 8세 시절 은화를 화폐로 사용했다. 어느 날 헨리 왕이 주화의 은 함유량을 줄이도록 명령을 내렸다. 1543년 이전에 92.5%였는데 1545년에 은 함유량이 33.3%로 줄였다. 그러나 액면가(face value)는 그대로였다. 달리 말하면 1545년 은화보다 1543년 은화에 은이 더 많이 들어있었지만 두 은화의 액면가는 동일했다.

헨리 왕이 새로운 은화를 만든 이후 사람들은 옛날 은화는 저장해 놓고 새로운 은화만을 사용했다. 무엇보다도 구 은화를 녹여서 은으로 팔거나 보유하고 있었다. 두 개의 주화가 동일한 액면가를 갖고 있지만 어느 하나가 다른 것보다 더 많이 은을 함유하고 있다면 은 함유량이 적은 은화만 사용하고 은 함유량이 많은 은화는 보관하고 있는 것이 더 나았기 때문이다.

헨리 8세의 뒤를 이어 여왕이 된 엘리자베스는 왜 사람들이 두 은화를 다 사용하지 않고 한 가지 은화(옛 은화)만을 사용하는지 궁금했다. 엘리자베스 여왕의 재정고문이었던 토마스 그레샴 경은 1543년 구 은화의 가치는 과소평가되었고, 1545년 새 은화는 과대평가되어서 새 은화만 유통된 것이라고 설명해 주었다.

그의 설명은 "악화가 양화를 몰아낸다(Bad money drives out good)"로 표현되었고, 오늘날 그것이 '그레샴의 법칙(Gresham's law)'이라고 알려져 있다. 그레샴의 법칙에서 양화란 시장가치에 비하여 과소평가된 화폐(구 은화), 악화란 과대평가된 화폐(새 은화)를 말한다. 따라서 그레샴의 법칙은 과소평가된 화폐가 유통에서 사라지고 과대평가된 화폐가 사용된다는 말이다.

신기한 것은 그레샴의 법칙은 정부의 간섭이 없는 시장에서 주조된 금화와 은화에 대해서는 일어나지 않다는 것이다. 시장에서는 양화가 악화를 몰아낸다.[16] 다시 말하면 악화가 유통에서 사라지고 양화가 교환의 매개체로 사용된다는 말이다. 만일 어떤 민간 주조업자가 금이나 은의 함량을 줄여서 금화나 은화를 주조한다면 사람들은 그의 주화를 사용하지 않고 경쟁자가 만든 더 나은 주화를 사용할 것이다. 질이 떨어지는 그의 주화는 악화이고, 경쟁자의 질이 좋은 주

---

16) Hayek, F. A. (1978) Denationalization of Money, 2nd ed. The Lancing, Sussex: Institute of Economic Affairs, 37-38쪽.

화는 양화다. 따라서 정부의 간섭이 없는 시장에서는 악화가 양화를
몰아내는 것이 아니라 양화가 악화를 몰아낸다.

그레샴의 법칙은 법화(Lawful Money, 법률상 강제 통용력과 지불 능
력이 주어진 화폐)의 경우에서 발생한다. 만일 정부가 금화를 주조하여
법화로 지정하여 유통했다고 하자. 그리고 몇 년 후 100개의 금화 중
에서 50개를 거두어들여 금의 함량을 절반으로 줄인 다음 그것으로
100개의 금화를 만들어 공급한다면 경제에 50개의 구 금화와 100개
의 신 금화가 존재한다. 정부가 법으로 두 개의 가치를 동일하게 정
했지만 실제 가치는 구 금화가 신 금화보다 높다. 따라서 사람들은
재화와 용역을 구매하는 데 구 금화를 사용하는 것보다 신 금화를 사
용할 것이다.

정부가 금화와 은화 두 가지를 본위로 하는 복본위제도에서 금화
와 은화가 어떻게 유통되는지를 보면 그레샴의 법칙을 보다 정확하
게 이해할 수 있다. 복본위제도 하에서는 정부가 금화와 은화를 주조
하고 그것을 모두 법화로 지정하면서 그 교환비율을 정한다. 이것은
일종의 금화와 은화에 대한 가격규제다.

예를 들어 시장에서 금 1그램과 은 15그램이 동일한 가치를 갖고
교환된다고 하자. 정부가 금화와 은화의 1단위를 만드는데 각각 1그
램씩을 사용했다고 하자. 그리고 금화 1개와 은화 15개가 동일한 가
치가 있다고 선언하며 유통시켰다고 하자. 그런데 후에 은광이 발견
된 사건과 같은 이유로 은의 공급량이 증가했다고 하자. 그러면 시장

에서 은의 가치가 하락한다.

그래서 금과 은의 교환이 이제 1그램 대 15그램이 아니라 1그램 대 16그램이 되었다고 하자. 그러나 금화와 은화의 비율은 정부가 1개 대 15개로 정했기 때문에 금화는 금의 시장가격에 비해 상대적으로 과소평가되었고 은화는 과대평가되었다. 이렇게 되면 그레샴의 법칙에 따라 과대평가된 은화만이 유통이 되고 과소평가된 금화는 유통에서 사라지게 된다. 그 과정을 보면, 사람들이 금화를 1개를 녹여서 시장에 가서 은 16그램을 바꾼다. 따라서 금화가 유통에서 사라진다.

8장

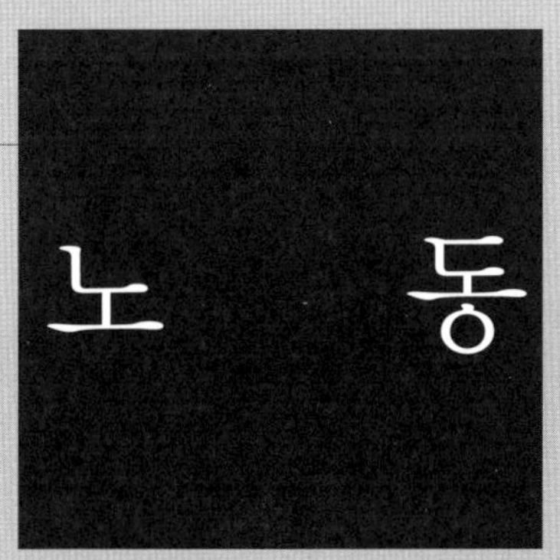

일정 수준 미만의 임금을 주는 것을 법으로 금지하는
최저임금법은 법의 제정취지와는 달리
일부 근로자의 일자리를 빼앗는 부작용을 가져 올 수밖에 없다.
시장에서 결정된 균형임금 이상을 지급할 것을 강제하기 때문에
생산성을 상회하는 급여를 지급하기를 원하지 않는 사용자는
자본투자를 통하여 고용을 대체하는 등 경영합리화 조치를 취한다.

경비원 아저씨,
어디 계세요?

박영범 (한성대 경제학과 교수)

필자는 무인경비시스템이 설치된 대형 아파트단지에 살고 있다. 2000년대 중반부터 무인경비시스템 업체들은 초기 투자비는 많이 드나 3년만 지나면 투자비용을 모두 회수할 수 있다는 구체적인 증거를 제시하면서 아파트 주민들을 설득했다. 당장은 아파트 경비원들 임금보다 무인경비시스템이 비싸지만 3년만 지나면 더 이득이 된다는 이야기였다.

처음에는 아파트 주민 중 누구도 무인경비시스템에 관심이 없었다. 그러다가 2008년 주민투표에서 무인경비시스템의 설치를 결정했다. 당시 아파트 경비원(단속적 근로자)의 임금은 최저임금법에서 30% 정도를 감액해서 줄 수 있었는데 2008년 20% 감액으로 법이 바뀌면서 아파트 경비원의 임금이 실질적으로 20% 이상 올랐기 때문이었다.

일자리 빼앗는 최저임금법의 진실

우리나라 최저임금법 제1조에는 "근로자에 대하여 임금의 최저수준을 보장하여 근로자의 생활안정과 노동력의 질적 향상을 꾀함으로써 국민경제의 건전한 발전에 이바지하는 것을 목적으로" 제정한 것이라고 밝히고 있다.

그러나 일정 수준 미만의 임금을 주는 것을 법으로 금지하는 최저임금법은 법의 제정취지와는 달리 일부 근로자의 일자리를 빼앗는 부작용을 가져 올 수밖에 없다. 시장에서 결정된 균형임금 이상을 지급할 것을 강제하기 때문에 생산성을 상회하는 급여를 지급하기를 원하지 않는 사용자는 자본투자를 통하여 고용을 대체하는 등 경영합리화 조치를 취한다.

아파트 경비원, 청원경찰, 주차관리원, 건물의 냉난방 관리원 등 근무시간이 연속적이지 않는 근로자(법적 용어로 감시·단속(감단) 근로자)에 대해서는 법에 정한 최저임금보다 낮은 임금을 줄 수 있다. 그러나 2007년까지는 최저임금의 30%, 2008년부터는 20%를 감액하여 줄 수 있었으나 2012년부터는 감액 자체가 폐지된다.

2008년 감단 근로자에 대한 최저임금 감액비율이 30%에서 20%로 축소되었을 때 많은 아파트에서 대부분 고령근로자인 경비원들을 대량 해고했다. 실제로 적용되는 최저임금액이 시간당 2,436원에서 3,016원으로 23.8% 올랐기 때문이다. 울산지역의 경비원은 20%가량 감원되었다.[17]

무인경비시스템이나 동별 폐쇄회로TV, 중앙초소 집중화 등의 설비 개선을 통해 경비원에 대한 의존도를 줄인 것이다.

경비원들의 최저임금이 오른다 해도 실질적으로 받는 급여가 꼭 오르는 것도 아니다. 휴게 시간을 늘리거나 일하는 시간을 줄여 월급을 동결시키거나 소폭 인상시켜 주기 때문이다. 무인경비시스템의 도입과 함께 2인1조 24시간근무제도에서 1인 하루 12시간 근로제도로 바뀐 필자의 아파트도 작년부터 우리동 담당 경비원은 일주일에 6일만 근무하고 있다.

노사위원이 동반 사퇴하는 파행 속에 2012년 최저임금액은 시간당 4,580원으로 결정되었다. 2012년부터 감단 근로자에 대한 감액 조치가 없어짐으로 아파트 경비원의 최저임금은 2011년 3,456원에서 32.5% 인상 조치됨에 따라 다시 아파트 경비원의 대량해고 사태가 나지 않을까 우려된다.[18]

무인경비시스템으로 아파트 단지가 운영되니 불편한 점이 한두 가지가 아니다. 택배를 제때에 받지 못하고 재활용 분리수거도 예전

---

17) '최저임금 인상여파...아파트 경비원 감원 태풍부나?' Nocut news 2009년 1월 2일
18) '감단근로자 최저임금 딜레마', 서울신문 2011년 4월 13일

보다는 못하며 눈이 많이 오면 오랜 기간 단지 바닥이 얼음판이다.

　주민도 불편하고 월 100만 원이 아쉬운 고령의 경비원들이 일자리를 잃어버렸다. 실질적인 급여인상도 되지 않은 최저임금 인상이 누구를 위한 것인지 묻지 않을 수 없다.

유재석과 변양규의
임금 차이는 왜?

변양규 (한국경제연구원 거시경제연구실장)

요즘 매주 일요일이면 어김없이 우리 가족은 〈런닝맨〉을 시청한다. 국민 MC 유재석 씨가 진행하는 예능 프로그램이다. 얼마 전 신문 기사를 보니 국민 MC 유재석 씨의 몸값이 엄청난 수준이라고 한다. 계약금을 제외하고 회당 900만 원이라는 신문 기사가 있는 걸 보면 메이저리그 선수가 부럽지 않은 엄청난 수준의 몸값이다.

이 기사를 접하고 나는 가끔 생각해 본다. 유재석 씨는 회당 900만 원의 몸값을 자랑하는데 박사학위까지 있는 나는 왜 중견개그맨 수준의 급여만 받을까? 외모 때문일까? 나는 친구나 동료들로부터 유재석 씨를 닮았다는 이야기를 자주 듣는다. 따라서 외모 때문에 유재석 씨에 비해 현저히 낮은 급여를 받는다는 것은 설득력이 부족하다. 말솜씨가 없어서일까? 나도 유머러스한 이야기도 잘하고 강의

실력은 유재석씨보다 한 단계 높다고 자부한다. 따라서 말솜씨 때문
도 아닌 것 같다. 그럼 왜 이처럼 사람마다 버는 돈에 차이가 크게 생
길까?

임금 차이는 결국 수요와 공급에 의해 결정되는 것

시장경제 원리를 조금이라도 아는
사람이면 그 이유를 쉽게 알 수 있을 것이다. 유재석 씨와 나의 몸값
이 이렇게 크게 차이가 나는 이유는 바로 두 사람이 제공하는 서비스
에 대한 수요가 차이 나기 때문이다. 유재석 씨가 제공하는 서비스는
대다수의 국민들이 원한다. 게다가 그가 제공하는 서비스를 대체할
만한 연예인은 거의 없다. 따라서 유재석 씨가 제공하는 서비스에 대
한 수요는 상당한 수준임에 틀림없다.

그러나 경제학 박사가 제공하는 서비스에 대한 수요는 어떠한가?
모든 국민이 경제학 강의를 원한다고 믿고 싶지만 그렇지 않는 게 현
실이다. 게다가 매년 미국에서 경제학 박사학위를 받는 한국 사람만
100여 명에 가깝다. 그중 분명히 최소한 5명에서 10명은 나와 유사
한 거시 · 노동경제학을 전공했을 것이고, 국내에서 박사학위를 받거
나 미국이 아닌 유럽, 중국 등에서 박사학위를 받는 사람들까지 포함
하면 매년 나와 유사한 서비스를 제공하는 경제학 박사가 10명 이상
씩 누적되고 있는 것이다. 따라서 내가 제공하는 서비스에 대한 수요

는 작을 수밖에 없다.

동기부여의 기능을 하는 '차이'는 '차별'과는 다르다.

　　　　　　　　　　　　　　　이 같은 수요의 차이로 나와 유재
석 씨의 몸값은 차이가 나는 것이다. 그런데 이런 상황을 두고 경제
학자들이 노동시장에서 차별받고 있다고 생각하는 사람은 거의 없
다. 뿐만 아니라 그럴 가능성은 거의 없지만 만약 내가 〈런닝맨〉의
MC를 맡게 되면 유재석 씨만큼 돈을 받아야 한다고 생각하는 사람
은 더더욱 없다. 심지어 동일노동 동일임금을 주장하는 사람들도 내
가 유재석 씨만큼 돈을 받아야 한다고 생각하지는 않는다.

　이와 같이 비록 같은 일을 하더라도 임금이 다를 수 있다. 심지어
동일한 생산성을 가진 근로자가 동일한 작업을 수행하더라도 노동조
합 가입 여부, 근로자에 대한 기업의 신뢰도 차이, 장기근속 가능성
의 차이 등 다양한 비금전적(non-pecuniary) 요인으로 근로자의 노동
에 대한 수요는 차이를 보이고 그 결과로 임금 차이가 발생할 수 있
다. 이는 수요와 공급에 의해 결정된 합리적인 차이로써 불합리한 차
이를 강제하는 차별과는 다르다.

　동일노동 동일임금은 수요와 공급에 기초하는 시장경제원리를
무시한 단순한 구호에 불과하다. 뿐만 아니라 자신이 제공하는 서비
스에 대한 수요를 끌어올려 보다 높은 임금을 받으려는 지극히 당연

한 노력을 무시하고 자기개발의 동기를 저하시키는 부작용을 낳을
수도 있다.

자장면? 짜장면?

권혁철 (자유기업원 시장경제연구실장)

사람들은 중국음식점에 가서 자장면을 주문하면서 '짜장면 주세요' 하지 '자장면 주세요' 하지는 않는다. 백 명 중 아흔아홉 명은 짜장면이라고 말할 것이다. 그런데 텔레비전이나 라디오에서는 앵커들이 짜장면이 아니라 자장면이라고 발음한다. 매우 어색하게 들린다. 앵커 한 분을 만날 기회가 있어 당신은 중국음식점 가서도 '자장면 주세요' 하느냐고 물어보니, 앵커들도 방송에서만 '자장면'이라고 하지 중국음식점에 가서 주문을 할 때는 당연히 '짜장면'이라고 한다고 대답했다.

왜 이런 일이 벌어졌을까? 방송에서는 표준말을 사용해야만 하기 때문이다. 그런데 1986년 국립국어원은 당시 대부분의 사람들이 사용하던 짜장면이 아니라 자장면을 표준어로 채택했다. 중국의 작장면(炸醬麵)에서 유래한 짜장면의 중국 발음이 'zha-jiang-mia-n'인데, 이 중 초성인 'zh'를 된소리를 피하는 중국어 표기 원칙에 따르면 'ㅈ'으로 발음하고 적는 것이 맞는다는 판단에서였다.

짜장면을 자장면이라고 발음하고 들어야 하는 이런 어색함은 이제 사라졌다. 이제는 앵커들도 자장면이 아니라 짜장면이라고 마음 놓고 발음할 수 있게 되었다. 2011년 8월에 국립국어원이 짜장면을 표준어로 인정했기 때문이다. 언어학적으로는 자장면이 맞을지라도 '언어시장'에서는 짜장면이 선택된 것이다. 국립국어원이 무려 25년 동안이나 자장면이 맞는 말이니 자장면을 사용하라면서 표준어로 지정하여 힘을 실어주고 지원하고 육성했지만 시장에서는 차별과 천대를 받던 짜장면이 자장면을 눌러버렸다. 시장의 힘에 대항해 억지로 시장을 이겨보려고 했던 국립국어원의 시도는 실패로 돌아갔다.

이처럼 시장의 흐름과 시장의 힘을 이겨보겠다는 시도는 반드시 실패한다. 게다가 시장의 힘을 이겨보려는 시도는 종종 시장의 역습을 초래하여 사회경제적으로 커다란 손실을 입는다.

그럼에도 불구하고 많은 수의 정치인이나 관료 그리고 스스로 똑똑하다고 믿는 사람들은 시장이 마치 자신이 생각하고 의도하는 바대로 굴러간다고 생각하는 듯하다. 이들은 자신이 생각하고 구상한 바대로만 하면 시장은 자신이 생각한 결과를 내놓을 것이라고 착각한다. 마치 국립국어원이 짜장면을 쓰지 못하게 하고 자장면만을 쓰도록 강요(?)하면 짜장면이라는 말은 없어지고 자장면이 살아남을 것이라고 생각한 것처럼 말이다. 하지만 결과는 짜장면이 살아남고, 자장면이 소멸될 위기에 처했다. 마찬가지로 시장을 자기 마음먹은 대로 조종하고 통제할 수 있다고 착각하는 사람들이 내놓는 정책의 결과도 거의 항상 이들의 생각과는 달리 엉뚱하게 나온다.

대표적인 것으로 최저임금제를 들 수 있다. 최저임금제 도입에 찬성하는 사람들의 주장은 이렇다. 최저임금제라고 하는 강제제도가 없을 때는 근로자들이 너무 낮은 저임금에 노동력을 착취당한다. 따라서 최저임금제를 도입하여 최소한의 생활수준을 유지할 수 있는 임금을 받도록 해야만 하고 최저임금 이하로 근로자를 고용해서 착취하는 나쁜 일은 금지되어야 한다.

그런데 그 결과는 최저임금의 적용을 받게 되는 근로자들에 대한 대량해고로 이어진다. 전국의 택시운전자들이 서울 여의도를 점령한 적이 있었다. 이들의 요구는 택시업계에도 최저임금제를 도입해 달라는 것이었다. 정치권과 정부가 이에 화답을 했고 최저임금제 도입이 확정되었다. 지역별 협약 일정에 따라 도입을 하기로 결정되었고 경남지역에서는 2011년 7월부터 최저임금제가 도입되었다. 그러자 같은 해 8월 창원에 있는 한 택시회사에서는 근무하는 택시기사 66명 전원을 해고해 버렸다. 최저임금을 요구하던 택시기사들은 도대체 무엇을 위해 여의도를 점령했던 것일까?

이들과는 달리 억울하게 당하는 사람들도 있었다. 바로 아파트 경비직 근로자들이다. 주로 노인들로 채워진 아파트 경비직 근로자들은 자신들을 최저임금제 적용대상에서 제외해 줄 것을 정치권에 요구했지만 받아들여지지 않았다. 이들에게는 원래 2012년부터 최저임금의 100%가 지급될 예정이었지만 정부는 시행시기를 2015년으로 연기했다. 이유는 자명하다. 경비직 근로자의 약 12%에 해당하는 약 3만 명 정도가 해고될 것으로 예상했기 때문이다. 실제로 최저임금의 100%가 아니라 70%~80%가 적용되고 있는 지난 4년 간 경비직 근로자는 7.7%나 감소했다. 줄어든 경비직 근로자들을 CCTV 등 무인경비시스템이 대체하고 있다.

시장의 힘을 이겨보려고 하는 모든 시도는 엉뚱한 결과를 낳는다. 노동시장이라고 해서 예외가 아니다.

'외모'도 경쟁력?

김인규 (한림대 경제학과 교수)

9년 전 작고한 이주일 씨는 1980년대를 주름잡던 '코미디의 황제'였다. 못생긴 그가 민망한 표정으로 "못생겨서 죄송합니다"라고 말하면 시청자들은 배꼽을 잡고 웃었다. 그때는 웃자고 한 이야였겠지만 지금 생각해 보니 그는 당시 이미 '루키즘(lookism:외모 지상주의) 사회'의 도래를 예견했었던 것 같다.

미국 텍사스대 경제학과의 해머메시(Hamermesh) 교수와 동료 연구자들은 외모와 임금 수준의 상관관계를 조사했다. 잘생긴 사람은 못생긴 사람에 비해 여성은 9%, 남성은 14% 정도 높은 임금을 받는 것으로 나타났다. 미국 라파예트(Lafayette)대의 애버레트(Averett) 교수와 뉴욕시립대의 코렌먼(Korenman) 교수의 공동연구에 따르면 뚱뚱한 사람은 정상 체중의 사람에 비해 여성은 12%, 남성은 9% 낮은 임금을 받는다고 한다.

외모도 경쟁력?

이런 현상에 대해 이들 경제학자들은 나름대로 해석을 한다. 머리 좋고 유능한 사람이 돈을 많이 버는 의사, 변호사와 같은 직종이 있듯이 잘생긴 사람이 돈을 많이 버는 직종도 존재한다. 연예인, 세일즈맨, 각종 서비스업 종사자들에게는 외모가 생산성과 직결되기도 한다. 호감을 주는 외모가 곧 생산성과 비례하는 직종이 따로 있는 것이다.

소비자가 외모가 우수한 사람이 제공하는 서비스를 원하는 경우 외모는 곧 경쟁력이 되므로 고용주는 외모가 수려할수록 더 높은 임금을 지불할 수밖에 없다는 것이다. 그런 점에서 연예인이 꾸준히 자기관리를 하고 성형수술을 받는 것은 자신의 비교우위(comparative advantage)를 강화해서 본인의 몸값을 높이려는 합리적 투자결정으로 볼 수도 있다.

자기만의 비교우위 키우는 노력 필요

문제는 세상의 모든 노동시장에서 외모가 경쟁력 그 자체를 의미하는 것은 아니라는 점이다. 그러나 최

근의 젊은이들은 외모에 비교우위를 가지려는 경향이 강해지고 있
다. 자기관리를 한다는 의미에서는 모르겠지만 사회적 분위기에 따
라 너도나도 성형 열풍에 휩싸이는 것은 굉장히 비합리적이다.

요즘은 TV를 켜면 멋진 외모의 연예인들이 나오는 것도 모자라
버스, 지하철, 영화관에서조차 각종 성형외과 광고에 노출되어 있다.
한국 사회 전체가 더 멋있는 외모를 가져야 한다는 강박관념을 가질
만도 하다. 그러나 다른 분야에 투자할 시간과 돈을 성형에 투자하는
것이 과연 바람직한 것인지는 다시 생각해 봐야 한다.

외모가 결정적인 노동시장에 진입하려는 것이 아닌 이상 본인이
기존에 비교우위를 가지고 있던 분야에 더욱 집중하는 것이 훨씬 더
바람직한 방법일 것이다. 성형에 의한 '외모' 차별화가 아닌 자신만의
개성과 능력을 계발하는 것이 진정한 차별화임을 일깨워줘야 한다.

비정규직 차별을 없애볼까?

박영범 (한성대 경제학과 교수)

비정규직에 대한 차별시정제도가 도입된 후 정부는 노동위원회에 별도의 과를 신설하고 조사관을 확충하며 차별시정을 담당할 공익위원을 대폭적으로 선임했다. 그러나 실제로 차별시정제도를 이용하는 비정규직 근로자는 많지 않다. 중앙노동위원회와 각 지방노동위원회에 접수된 차별시정 건수는 2009년에는 100건, 2010년에는 199건에 불과했다. 2010년이 2009년에 비해 늘어난 것처럼 보이지만 신청 내용이 동일한 경우를 병합하여 1건으로 처리하면 2009년에 79건, 2010년에 90건으로 연간 신청건수가 100건 미만에 머물렀다.

비정규직들이 차별을 시정받을 수 있는 길이 열렸음에도 불구하고, 노동위원회에 접수되는 신청건수가 기대에 못 미치는 이유에 대해 노동계는 근로자가 재직하면서 현재의 고용주를 상대로 정부를 통해 차별을 시정해달라고 요구하기는 사실상 어렵다는 견해가 대부분이다. 정부는 근로자 측의 진정이 있는 경우 또는 사업장 감독을 통해 차별시정을 지도할 권한을 근로감독관에게 부여하는 방안을 검토하고 있다. 또한 노동계는 구체적인 차별이 없더라도 노조가 예방적 차원에서 사용자의 취업규칙이나 관행에서의 차별의 시정을 요구할 수 있는 권리를 가져야 한다고 주장하고 있다.

그러나 차별시정제도가 당초 예상보다 활용되지 않고 있는 근본적인 이유는 법시행이 예고되면서 많은 사용자들이 정규직과 비정규직의 직무를 분류하여 비정규직에 비교될 수 있는 정규직을 같은 사업장 내에서 찾을 수 없도록 했기 때문이다.

2010년에 노동위원회에 차별시정 신청이 접수된 사업장의 70% 정도가 300인 미만 사업장이라는 것에서 알 수 있듯이 실제로 차별시정제도의 도입이 예정되면서 많은 기업, 특히 대기업에서 상당수의 기간제 근로자를 기한은 정해지지 않았으나 처우는 정규직보다 못한 무기계약 근로자로 전환시켰다.[19]

우리나라에서 비정규직 문제가 사회문제화되기 시작한 것은

19) 비정규직보호법 시행 1년… 은행권에서는 지금
무기계약직으로 전환 추세 우리은행만 일괄 정규직화 (문화일보 2008. 7.1),
국민은행 노조, 무기계약직 가입 허용(연합뉴스, 2008 11.30),
[위기의 비정규직] 해고만이 능사인가… "우린 무기계약직으로 해법 찾았다" (한국일보 2009. 7. 30)

1997년 말 외환위기 이후 고용사정이 나빠지면서 안정되고 처우가 좋은 일자리를 찾기가 구조적으로 어려운 근로자들이 많이 생겼기 때문이다.

비정규직은 법적 용어가 아니나 통계청의 근로형태별 부가조사 결과에 의하면 2011년 3월 현재 비정규직 근로자는 임금근로자의 33.8%인 5백77만 명인데, 정규직 대비 비율은 조사가 시작된 이후 줄지도 늘지도 않고 있다.[20]

비정규직 문제를 법적 규제를 통해 해결하고자 2006년에 비정규직관련법이 만들어졌다. 기간제 근로자의 계속 사용기간이 제한되고 정규직에 대비한 비정규직에 대한 차별이 발생하는 경우 차별을 당한 비정규직근로자가 노동위원회에 제소를 하여 시정을 받을 수 있는 길이 열렸다.

사용자는 기간제, 단시간(파견제) 근로자임을 이유로 당해 사업 또는 사업장(사용사업주 사업 내)의 동종 또는 유사한 업무에 종사하는 기간이 정함이 없는 근로자, 통상근로자, 사용사업주 소속 근로자에 비하여 차별적 처우를 해서는 안 된다. 여기서 '차별적 처우'라 함은 임금 그 밖의 근로조건 등에 있어서 합리적인 이유 없이 불리하게 처우하는 것을 말한다.

---

20) 통계청은 근로형태별 부가조사를 2008년 3월부터 하고 있는데. 비정규직근로자를 한시적근로자, 시간제근로자와 비전형근로자로 구분하고 있다. 비전형근로자는 파견근로자, 용역근로자, 특수형태근로종사자, 가정내(재택, 가내) 근로자, 일일(단기)근로자를 포함한다.

차별시정제도는 법적인 규제를 통해 시장에서의 결과를 조정하는
것이 상당히 어렵고 구체적인 실익도 적다는 것을 보여주는 사례다.

9장

개방과 세계화

독과점이나 독점적 경쟁 상태를 깨고 다른 기업들이 시장에 쉽게
들어올 수 있는 대표적인 방법이 자유무역협정을 통해 시장을 개방하는 것이다.
이미 경쟁력을 가진 국내기업들은 해외시장으로 나아가
더 많은 이익을 창출할 수 있고 경쟁력이 약한 국내기업들은 외국기업들에게
뒤지지 않기 위해 노력하는 과정에서 경쟁력을 키울 수 있다.

수입 홍어가 만드는 기적들

김정호 (자유기업원 원장)

적당히 삭힌 홍어, 묵은 김치, 돼지고기 수육 이 세 가지를 같이 먹을 때 우리는 홍어삼합이라고 부른다. 막걸리까지 곁들이면 홍탁 삼합이 된다. 콧속이 뻥 하고 뚫리는 맛! 글을 쓰다 보니 어느새 군침 이 돈다.

전라도에서 예부터 잔칫날에 '똥냄새' 나는 삭힌 홍어를 먹는다는 소문을 듣고 있었지만 내가 직접 홍어삼합을 먹기 시작한 것은 그리 오래 전이 아니다. 원래 입맛이 그리 너그럽지 않은데다가 먹을 기회 도 없었기 때문이다. 홍탁을 파는 식당은 물어물어 찾아가야 하는 귀 한 존재였다. 그런데 언제부턴가 서울에도 홍탁 식당들이 생겨나기 시작했고 보통 한정식 집에서도 삭힌 홍어를 내놓기 시작했다. 그런 데서 한 점 두 점 먹다 보니 그 맛을 알게 되었다. 이제는 제법 좋아하는 편이다.

원래 홍어는 버리는 생선이었다. 100년 전 목포의 부두 노동자들이 하도 먹을 것이 없어 상한 홍어를 먹기 시작했고 그것이 홍탁의 기원이 되었다고 한다. 어느새 전라도 사람들이 애호하는 기호식품이 되었고 너무 남획을 한 나머지 흑산도 홍어는 귀하신 몸이 되기에 이른다. 비쌀 때는 5킬로그램 한 마리에 150만 원까지 나갔다고 한다. 아무나 먹을 수 없는 음식이 되어 버린 것이다. 자연히 홍어를 파는 식당의 숫자는 전국을 통틀어도 손으로 꼽을 정도였다. 그만큼 홍어는 귀한 생선이었다.

번창하는 홍탁 식당과 일자리

그러던 홍어를 서울에서도 흔하게 즐길 수 있게 된 것은 칠레, 아르헨티나 산 홍어를 수입하면서부터다. 그들의 바다에서는 홍어가 무진장 잡히는데다가 100년 전까지 우리가 그랬듯이 그들에게도 홍어는 버리는 생선이다. 수입 장벽이 풀리면서 홍어가 수입되기 시작했고 전국에 홍탁을 파는 식당들이 번창했다.

홍어의 수입은 한국인에게 여러 가지를 가져다 주었다. 무엇보다도 많은 사람들이 홍탁을 즐길 수 있었다. 나처럼 입맛이 까다로운 사람도 홍어 맛을 알 정도가 되었으니 말이다. 값도 싸졌다. 150만

원을 웃돌던 5킬로그램짜리 홍어 한 마리의 가격이 4만 원에 거래된
다. 그야말로 거의 공짜가 된 셈이다.

이에 따라 일자리도 늘어났다. 거래와 소비가 늘어나면 그것을
위한 산업도 번창하기 마련이다. 영산포의 명물 '홍어 거리'에서 연
간 거래되는 수입산 홍어 수량이 40만 마리라고 하니 그것에 생계를
유지하는 사람의 숫자가 상당할 것이다. 전국에 생겨난 홍탁 식당도
많은 사람들의 일자리가 되었다.

그 때문에 홍어잡이 어민들의 생활이 곤란해진 것 아니냐고 반문
할 사람이 있을 것 같다. 일리 있는 말이다. 한 마리에 150만 원까지
하던 흑산도 홍어의 값이 낮을 때는 30만 원에서 40만 원까지 떨어
졌다. 수입산보다 여전히 10배는 비싸지만 수입이 막혀 있을 때보다
어민들의 소득이 줄었을 수 있다. 하지만 그로 인해 생겨나는 이익
에 비할 바가 못 된다. 홍탁 식당 주인들, 종업원들, 수입산 홍어를
거래하는 사람들의 숫자는 홍어잡이 어민보다 훨씬 많다.

수입산 홍어가 한국인들에게 많은 일자리를 만들어준 것이다. 그
리고 칠레와 아르헨티나에서 싼 값에 홍어를 수입할 수 있는 한 그
일자리들은 계속 유지될 것이다.

수입과 일자리에 대한 잘못된 고정관념

우리는 수입과 일자리에 대해서 잘

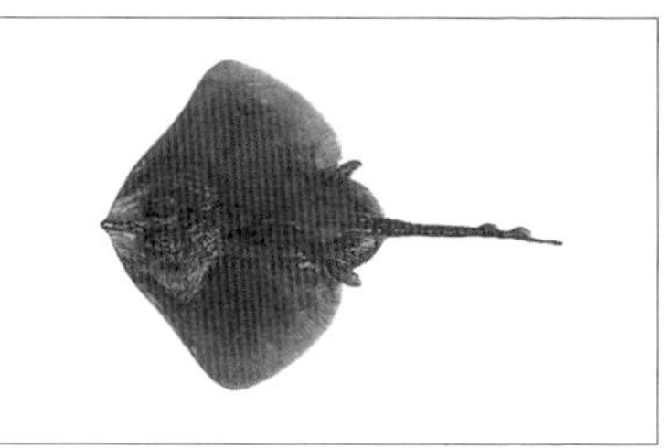

못된 고정관념을 가지고 있다. 수출은 일자리를 늘리는 반면 수입은 일자리를 파괴한다고 생각한다. 그러나 이것은 틀린 생각이다. 수출이든 수입이든 경제활동이 늘어나면 그것을 하기 위한 일자리들이 생긴다.

수출은 수출품을 제조 또는 생산하기 위한 일자리, 또 생산지에서 항구나 공항으로 나르기 위한 일자리를 만들어 낸다. 자동차를 수출하기 위해 공장에서 차를 만든 후 항구로 실어 나르는 과정을 상상해 보면 된다.

한편 수입은 항구나 공항에서 통관을 하고 국내에서 수입품을 유통하며 소비하기 위한 일자리들을 만들어 낸다. 수입은 주로 우리가 '내수'라고 부르는 산업에서의 일자리를 만들어 내는 것이다. 홍어가 수입되어 나주의 홍어거리가 만들어지고 전국에 홍탁 식당이 생겨날 수 있었다. 칠레와 프랑스, 이탈리아에서 와인이 수입된 결과 와인판매점과 와인바들이 생겨났다. 거기에 종사하는 분들에게는 귀중한 일자리가 생겨난 셈이다.

수출이든 수입이든 경제활동이 늘면 일자리는 늘어난다. 수입에 대한 편견을 버릴 때가 되었다.

개방하면 망한다고?

김진국 (배재대 아펜젤러국제학부 교수)

뛰어넘기 힘들 것 같던 자동차왕국 일본의 아성이 무너지는 듯하다. 한국 자동차 기업인 현대가 멋진 디자인과 좋은 성능의 자동차를 잇달아 내놓으면서 해외시장에서 큰 사랑을 받고 있다. 반도체로 시작해 TV, 휴대전화 그리고 LCD, LED 등 전자산업 역시 2004년과 2005년 사이를 전후로 국내 삼성과 LG가 소니와 파나소닉의 아성을 깬지 오래다.

동아시아 금융위기 이후 한국의 많은 대기업들은 선진국, 그중에서도 일본에 시장을 열면 한국의 제조업은 완전히 망한다고 죽는 소리를 했었다. 그러나 그들 말처럼 정말 망하기는커녕 일본뿐만 아니라 세계에게 인정받는 기업들이 되었다.

품질 좋은 일본 물건들이 더 값싸게 국내로 들어왔는데 왜 국내 제조업이 망하지 않고 더 부흥하고 있었을까? 시장 개방으로 쟁쟁한 외국기업들이 국내 시장으로 들어오자 한국 기업들은 뒤지지 않기 위해 품질과 디자인 향상에 죽기 살기로 매달렸다. 좋은 제품과 경쟁하려면 좋은 제품을 생산해야 하는 것은 당연하기 때문이다. 거기서 만족하지 않고 일본을 이겨보자! 세계로 나가보자! 각오하고 노력했더니 어느새 한국의 기업들은 세계일류가 되었다.

독과점 상태나 독점적 경쟁하에서는 완전경쟁 상태에 비해 높은 가격이 형성되어 기업들이 초과이윤을 누린다. 다른 기업들은 이 초과이윤을 본인들도 가지려고 호시탐탐 시장진입을 노린다. 그러나 이 시장에 진입장벽이 있어 다른 생산자가 쉽게 그 시장에 진입할 수 없다면 기존의 기업들은 계속해서 높은 이윤을 누릴 수 있다.

이 같은 상태에서는 소비자들은 계속해서 높은 가격을 지불하고 있는 것이고 생산자들은 지금처럼 물건을 만들어도 초과이윤을 누릴 수 있기 때문에 더 좋은 물건을 만들지 않으려 한다.

독과점이나 독점적 경쟁 상태를 깨고 다른 기업들이 시장에 쉽게 들어올 수 있는 대표적인 방법이 자유무역협정을 통해 시장을 개방하는 것이다. 이미 경쟁력을 가진 국내기업들은 해외시장으로 나아가 더 많은 이익을 창출할 수 있고 경쟁력이 약한 국내기업들은 외국기업들에게 뒤지지 않기 위해 노력하는 과정에서 경쟁력을 키울 수 있다.

바로 이러한 상황은 이론에 머무르는 것이 아니라 실제 한국에서 2000년대에 전개되었던 사례다. 외환위기 이후 외국기업들이 국내 시장에 진출하고 국내기업들이 국제무대에 노출되어 치열한 경쟁구조에 놓였다. 그 가운데 한국 기업들은 내로라하는 글로벌기업으로 성장했고 소비자들은 다양하고 품질 좋은 상품을 더 싼 가격에 구입할 수 있었다.

한국은 노무현 정부 이후로 각국과의 자유무역협정(FTA)을 활발하게 추진해 오고 있다. 이미 칠레와의 FTA로 한국은 큰 이익을 누렸고 EU와의 FTA도 지난 7월 1일 발효되었다. 말도 많고 탈도 많았던 미국과 FTA는 현재 미 의회 비준을 받고 현재 한국 국회의 비준만을 남겨두었다. 뿐만 아니라 앞으로 일본, 중국과 FTA를 맺는다면 한국이 누릴 수 있는 혜택은 우리가 상상하는 그 이상일 것이다.

시장을 개방하는 것이 장기적으로 경제와 국력의 성장을 가져오는 것은 역사적으로 많은 증거를 통해 증명되었다. 개방의 역사를 가진 로마가 문을 닫기 시작할 때 쇠퇴하기 시작했고, 타국에 거의 대부분의 문호를 개방하고 있는 미국이 강대국 자리를 오랫동안 지키고 있는 것이 대표적인 예다.

결국 자유무역협정을 통한 시장개방은 앞으로 5,000만 국내시장을 상대할 것인가 아니면 60억 세계시장을 상대할 것인가 하는 비전의 차이다. 세상을 향해 도전한 기업만이 세상을 호령할 수 있고 다음 세대에 더 나은 세상을 제공해줄 수 있다.

K-Pop, 세계로 가다

배진영 (인제대 국제경상학부 교수)

세계 젊은이들이 즐기는 K-Pop

우리는 2011년 세계의 젊은이들을 열광과 환희로 몰아넣은 감동어린 K-Pop의 열기를 목격했다. 팝의 전설 비틀즈의 성지로 유명한 영국 런던의 에비로드(Abbey Road) 스튜디오 앞길은 우리의 젊은 팝가수들을 보기 위하여 유럽 각지에서 몰려든 젊은이들로 가득 찼다. 이들은 우리 가수의 이름을 적은 피켓과 태극기 등을 흔들며 환호했다. 비틀즈의 음악으로 젊은 시절을 보냈던 지금의 기성세대에게 그 광경은 뿌듯한 충격으로 다가왔다.

1970년대와 1980년대 한국가요는 팝송에 밀렸었다. 〈밤을 잊은 그대에게〉와 같은 심야 라디오 프로그램에서는 팝송이 주로 흘러나

왔다. 그러나 1990년대부터 가요의 기세가 심상치 않더니 이제는 K-Pop이 대세가 되었다. 우리나라에서 뿐만 아니라 전 세계적으로 인기가 높아지고 있다.

K-Pop의 세계화에 앞장선 SM 엔터테인먼트의 이수만 대표는 K-Pop의 성공 요인으로 한국 대중음악의 철저한 세계화 전략을 꼽았다. 그는 처음부터 유럽, 미국 등 세계각지의 유명 작곡가와 안무가와 함께 일하면서 현지 정서를 음악에 담아내려고 했다. 최고의 팬 클럽 회원 수를 자랑하는 동방신기는 처음부터 중국시장을 겨냥해서 곡을 만들었다고 한다. 한국을 넘어서 일본, 중국 이제는 유럽에서도 인기를 얻고 있는 이들은 처음부터 세계를 겨냥한 것이다.

하늘을 찌를 듯한 우리 젊은이들의 기상

우리 젊은이들의 세계적 성공은 비단 K-Pop뿐만이 아니다. 자랑스러운 대한민국의 젊은이들은 피겨 스케이팅과 스피드 스케이팅 그리고 수영 등에서 세계의 최고가 되는 영광스러운 순간들을 온 국민과 함께했다. 지금 50대 이후의 개발시대 주역들은 도저히 상상하지 못했던 일들을 우리 젊은이들이 해내고 있는 것이다. 이들의 성공 역시 처음부터 그들의 도전을 철저히 세계적 기준에 맞추었기 때문이다. 우리 젊은이들에게 세계의 최고가 되는 것이 이제 더 이상 의외의 일이 아니다. 개발시대의 주역들이 대한민국의 기준으로 세계를 보았다면 지금의 우리 젊은이들은 철저히 세계의 기준으로 자신을 단련시키고 있다.

대한민국의 세계화

한국의 기업들은 지난 경제개발 시절 값싼 노동력을 바탕으로 만들어진 값싼 제품으로 세계의 문을 두드렸다. 당시 제품들의 질은 세계 기준에 크게 부족했지만 낮은 가격으로 승부해 대한민국의 수출은 크게 늘어났다. 그러나 1990년대 접어들면서 이러한 저가의 물량 공세는 한계에 부딪쳤다. 우리보다 후발국인 중국과 인도 그리고 동구권 국가들의 값싼 노동력에 기댄 저가의 제품들이 쏟아져 나왔기 때문이다. 한국은 세계의 기준에 부합하는 제품을 생산하지 않고서는 더 이상의 수출 증대는 힘들다는 것을 깨달았다.

세계 기준에 맞추려는 피나는 노력이 1990년대 말 IMF 외환위기를 거치면서 개인과 기업에서 광범위하게 전개되었다. 그 결과 반도체, 전자, 자동차, 철강, 조선 등 주요 제조업 분야에서 한국의 기업들은 세계적인 경쟁력을 확보했다. 대한민국의 지난 10년간은 제2의 경제도약을 위한 발판을 마련하는 시기라 하지 않을 수 없다.

세계화 노력은 이제 병원, 학교, 방송, 유통 등 모든 산업에서 이루어져야 한다. 한국은 개방을 통해 발전해 온 나라다. 대한민국의 경험은 우리가 어떤 분야에서도 세계적인 경쟁력을 갖출 수 있는 저력이 있음을 보여 주었다.

해낼 수 있다는 자신감을 갖고 대한민국이 세계 어느 곳에서나 사랑 받을 수 있도록 해야 할 것이다.

인천공항이 팔린다고?

허희영 (한국항공대 경영학과 교수)

"어, 무슨 일이지? 왜들 뛰는 거야?" 늘 쾌적했던 출국장에서 처음 보는 광경이었다. 필자가 직업상 빈번하게 드나드는 인천공항은 지난 8월 연휴를 즐기려는 여객들이 몰려들면서 개항 이후 가장 혼잡했다. 이날 인천공항은 출국과 입국 절차를 마치는 데 평균 소요시간 18분과 12분을 자랑하던 서비스 평가 1위가 무색해졌다.

인천공항은 6년 연속 서비스 분야에서 1위를 했지만 다른 분야에서는 세계적인 수준이라기에는 다소 부족했다. 여객기 이용 규모는 지난해 3,347만 명 수준으로 세계 8위였고 여객처리능력은 세계 11위에 머무렀다.

해마다 인천공항 이용객 수는 점점 늘어나고 있지만 여객수용부문에 있어 더 경쟁력을 갖추기 위해 제2여객터미널을 건립할 예정이지만 약 4조 원 가량의 빚을 지어야 할 형편이다. 이미 3조 원이 넘는 부채가 있는 인천공항으로서는 부담이 클 수밖에 없다.

인천국제공항의 민간 지분 확대 계획

2008년, 이러한 상황에 있는 인천공항을 세계적인 공항으로 만드는 것을 목표로 하는 '공기업 선진화 계획'을 세웠다. 현재 정부 지분 100%로 운영되고 있는 인천국제공항은 직업을 늘리는 문제부터 해외사업에 진출하는 것까지 정부의 허가를 받아야 한다. 급변하는 글로벌 항공시장에 대응하기에는 다소 무리가 있다. 이에 정부 지분의 49%를 민간에 매각하고 51%는 정부가 계속 보유하면서 경영권을 행사하려고 한 것이다. 민간 지분이 확대되면 투자자들의 경영 감시 기능으로 경영투명성이 높아지고 글로벌 항공시장 변화에 보다 유연하게 대응할 수 있다. 뿐만 아니라 부채와 앞으로의 터미널 확장 등 추가적 투자가 필요한 이 시점에서 민간 투자가 확충되는 긍정적인 효과를 가져올 수 있다.

이러한 인천공항의 지분을 매각을 반대하는 사람들은 공기업 '민영화'를 반대하고 있지만 엄밀히 말하면 '민영화'는 잘못된 표현이다. 국토해양부는 인천공항 지분의 약 49%만을 민간에 내놓을 계획이다. 그중 15%는 국내 주식시장에 상장하고 나머지 34%는 해외공항그룹과의 MOU(전략적 제휴)를 맺을 계획이다. 그리고 외국인 보유

지분은 30% 미만으로 제한하고 있다(한전의 외국인 보유지분은 40%, 삼성과 포스코는 50% 미만이다). 이러한 민간 지분 확대를 통해 공항 경영의 효율성을 높이는 것이 주목적이다.

공항의 민간자본 참여는 세계적 추세

항공 산업의 개방화는 이미 세계적 흐름이다. 세계 50대 공항 가운데 35개 공항이 지분이나 운영권을 국내·외 민간자본에 개방했거나 계획 중에 있다. 투자재원 확보와 경영효율화, 자본제휴의 목적으로 이루어지는 자연스러운 시장 현상이다. 중국의 베이징공항도 43%지분을 매각했다. 공항이 외국자본에 넘어가 국부가 유출된다는 주장은 사실 답답한 이야기다.

지난 7월 초 인천국제공항공사는 프랑스 파리공항그룹과 네덜란드 스키폴 공항그룹과 MOU를 체결했다. 이번 전략적 협력을 통해 서비스는 물론, 허브화 강화, 화물, 리테일, 공항운영, 인사관리 분야 등에서 긴밀하게 협력관계를 구축해 나갈 예정이다. 인천국제공항은 서비스 부분에서는 세계 최고의 수준을 자랑하지만 다른 분야에서는 세계 최고의 수준은 아니다. 여객운송 실적에서는 세계11위를 기록 중이다. 이번 협력을 통해 화물 등의 공항 운영 전 분야에서 세계 최고의 수준을 갖추기 위한 발판을 마련한 셈이다.

자본제휴를 통한 경쟁력 확보가 관건

세계 공항업계는 시장개방을 통한 상호자본 제휴, 공항운영 노하우 공유, 상호 네트워크 협력 등을 통한 블록을 형성하고 있다. 이러한 상호 협력관계를 맺지 않으면 인천국제공항은 언제 국제공항 시장에서 그 명성을 잃고 고립될지 모른다. 인천국제공항은 아직 갈 길이 멀다. 인천국제공항을 외국 투자자 손에 넘기기 위해 정부가 민영화를 추진한다는 일부 국민들의 오해를 풀고, 인천국제공항이 진정 세계적인 공항으로 거듭나기 위한 계획을 추진해 나가는 것이 대한민국과 국민들에게 더 좋다는 것을 알아야 할 때다.

복　　지

시장경제에서 가격은 자원배분이라는 중요한 기능을 하고 있다.
즉 희소성을 가진 재화를 사회적으로 가장 가치 있게 배분하는 기능이다.
우유 가격이 천 원이라고 하면 개인별로 우유에 대한 주관적 평가는
다를 것이지만 분명한 사실은 우유에 대한 주관적 가치가
천 원 이상인 사람만이 우유를 살 것이다.

누가 우유를 버리게 했나?

현진권 (아주대 경제학과 교수)

서울시는 올해부터 초등학교 1학년에서 4학년 학생들에게 무상으로 우유를 배급하고 있다. 이전에는 전체 학생들의 약 10% 이내의 저소득층 자녀들에게만 무상으로 제공했지만 무상복지 정책의 일환으로 모든 학생들로 확대된 것이다. 이후 이상한 일이 발생했다. 우유를 버리거나 방치하는 학생들이 생겨난 것이다. 소득수준과 관계없이 모든 학생들이 차별 없이 우유를 배급받으면 좋기만 할 것 같은데 왜 이런 현상이 발생할까?

일반적으로 우유는 어린이 성장에 좋은 음식으로 알려져 있어 사회적으로 우유 섭취를 장려한다. 그러나 전체 학생 중에서 5%~10% 정도는 우유를 섭취하면 소화불량을 일으키거나 알레르기가 있다. 이는 선천적 신체 문제이므로 이들에게 우유를 먹도록 강요할 수는 없다. 만약 우유 소비가 개별 선택사항이면 당연히 이 학생들은 우유를 신청하지 않았을 것이다. 그래서 이전에 이 학생들은 우유신청을 하지 않았다. 그러나 모든 학생들에게 공짜로 배급될 경우에는 본인에게 필요 없지만 공짜이기 때문에 그냥 방치할 수밖에 없는 것이다. 서울시에서 무료 우유를 받는 학생이 약 30만 명이며 그중에서 방치되는 우유가 1.5만 개 수준이다. 이를 돈으로 환산하면 한 달에 약 1억 원 정도가 낭비되고 있는 실정이다.

공짜우유는 공짜이기 때문에 버려진다.

우유는 성장기의 학생들에게 중요한 음식이다. 그러나 사회적으로 중요하다고 해서 정부가 무상으로 모든 학생들에게 획일적으로 공급하면 재화가 낭비될 수밖에 없다. 우유의 질도 천차만별이다. 개인 선택에 맡길 때는 자신의 소득에 맞추어 가장 만족하는 우유 종류를 선택할 것이다. 그러나 정부가 획일적인 질의 우유를 무상으로 제공하면 정부가 제공하는 우유의 질에 만족하지 못하는 학생들은 우유를 버릴 수밖에 없다. 즉 정부가 재화를 제공하면 획일적일 수밖에 없고 다양한 개인별 수요를 충족시킬 수 없는 것이다.

시장경제에서 가격은 자원배분이라는 중요한 기능을 하고 있다. 즉 희소성을 가진 재화를 사회적으로 가장 가치 있게 배분하는 기능이다. 우유 가격이 천 원이라고 하면 개인별로 우유에 대한 주관적 평가는 다를 것이지만 분명한 사실은 우유에 대한 주관적 가치가 천 원 이상인 사람만이 우유를 살 것이다. 그래서 시장에서 거래되는 우유는 그 가치를 가장 극대화할 수 있는 것이다.

반면 무상 우유는 가격이 영이므로 모든 사람들이 다 원할 것이다. 그리고 필요하지 않거나 거의 효용이 없는 학생들에게도 제공되므로 우유의 사회적 가치는 떨어질 수밖에 없다. 무상 우유이지만 우유는 절대 하늘에서 떨어진 것이 아니다. 국민들의 세금으로 배급된 것이다. 세금이란 비싼 비용을 치르고 배급되었지만 우유의 사회적 가치는 세금보다 훨씬 낮아지는 것이다. 즉 공짜는 공짜이기 때문에 낭비될 수밖에 없다.

복지정책은 보편적이 아닌 빈곤층을 대상으로 선별적으로

정부는 복지의 사회적 순기능을 강조하면서 확대하려고 한다. 무상급식과 함께 무상의료, 무상보육 등과 같이 소득수준과 관계없이 모든 사람들에게 똑같은 형태의 상품을 소비하도록 하는 것이 바람직한 정책이라고 생각한다.

모든 사람들에게 무상으로 복지를 제공하면 반드시 재화의 낭비가 발생할 수밖에 없다. 복지는 스스로 해결할 수 있는 경제적 능력이 없는 계층에 한정해서 정부가 개입해야 한다. 복지는 자본주의

사회에서 발생하는 빈곤층에 대해 사회적 배려차원에서 접근해야
한다.

그래서 보편적 복지가 아닌 선별적 복지가 되어야 한다.

줄어야 할 코브라가
오히려 늘어나다

민경국 (강원대 경제학과 교수)

영국의 인도식민지 정부와 코브라 퇴치 정책

영국의 인도 식민지 총독부가 혐오스러운 코브라 뱀으로 골머리를 앓고 있었다. 그래서 뱀을 제거하는 정책을 실시했다. 코브라 머리를 잘라오면 한 마리당 돈으로 보상을 지급하는 정책이었다. 처음에는 이 정책이 성공적인 듯이 보였다. 잡아오는 코브라 수가 점차 증가했기 때문이었다. 총독부는 혐오스러운 뱀이 조만간 사라지리라는 기대로 아주 즐거워했다. 그러나 정책을 실시한 지 1년이 지나고 또 2년이 지나도 잡아오는 코브라 수가 줄어드는 것이 아니라 오히려 더욱 더 증가했다. 이상하게 생각했던 총독부가 그 이유를 알아보다가 놀라운 사실을 발견했다.

인도인들이 처음에는 코브라를 잡기 위해 집 주위는 물론 들과

산을 열심히 뒤져서 코브라를 잡았기 때문에 숫자가 줄어들었다. 그러나 그동안 짭짤하던 돈벌이도 줄어들었다. 현명한 인도인들은 참을 수 없었다. 그래서 코브라를 계속 잡아 돈벌이 할 방법을 찾았다. 가장 효과적인 방법은 코브라를 집에서 키우는 일이었다. 집집마다 우리를 만들어서 코브라를 키우고 키운 것들을 잡아서 보상을 받았다.

이를 발견하고 아연실색한 총독부는 결국 코브라 제거 정책을 포기했고 그 결과 사람들이 집에서 키우던 뱀을 버린 탓으로 코브라 수가 정책을 펼치기 전의 수십 배로 증가했다.

코브라 효과가 내장된 복지정책

복지국가에는 이 같은 코브라 효과가 내장(內藏)되어 있다. 즉, 복지정책은 빈곤의 문제를 해결하는 것이 아니라 오히려 빈곤의 문제를 더욱 심화한다. 복지수혜자가 줄어드는 것이 아니라 오히려 늘어난다. 마찬가지로 아픈 사람을 치료하기 위해 도입된 국가의 보험 제도는 오히려 아픈 사람을 더 많이 만들어 낸다.

1970년대 이후 스웨덴이나 독일에서 그 같은 노동자들을 보호한다는 명분으로 매우 관대한 실업급여나 유급 병가휴가 제도를 도입했다. 그 결과 흥미롭게도 쉽게 직장을 그만두거나 병가휴식을 이용하는 사례가 많았다.

일을 하지 않고서도 실업급여를 받는 실업자의 수가 급진적으로 늘어났다. 근로자의 20%가 상시 휴가상태일 정도로 병가휴가자도 급진적으로 늘어났다. 특히 월요일은 병가휴가로 회사에 나오지 않는 직원이 너무 많아서 업무가 마비될 정도였다.

이 같은 현상은 정부가 삶을 돌봐주기 때문에 자기 가정과 스스로 책임지겠다는 책임감이 소멸되고 정부에 대한 의존심만 강화된 결과이다. 정부지출에 의해서 살아가는 사람들의 수가 증대한다. 스웨덴이 500만 명의 노동인구 가운데 100만 명 이상이 일하지 않고 연금, 실업보험급여, 병가수당 등과 같은 복지프로그램에 의존해 먹고산다. 이 같은 코브라 효과가 가져온 치명적인 결과는 스웨덴이 뚜렷하게 보여준다(그래프 참조).

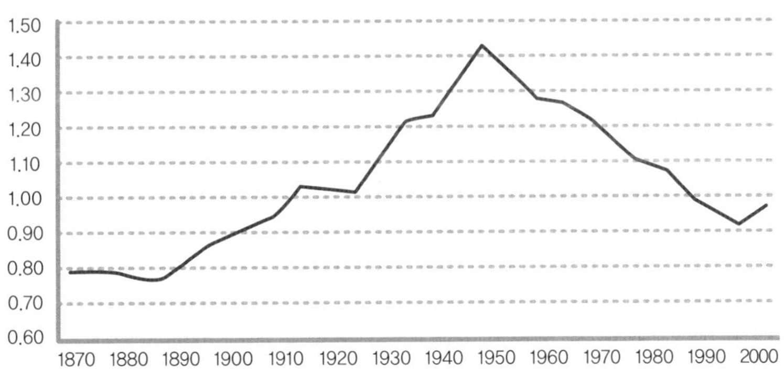

스웨덴은 1950년대 초까지 자유경제로 지속적인 번영을 이루었다. 유럽에서는 1위, 세계 3위의 경제성장을 보였다. 그러나 그래프에서 볼 수 있듯이 1950년대 말부터 강화하기 시작한 복지정책으로 스웨덴 경제는 지속적으로 추락하고 있다. 1990년대 중반에는 극심한 경제위기를 맞았다. 이것이 복지국가에 내장된 코브라 효과가 부르는 최후의 결과다.

복지로 재테크를?

권혁철 (자유기업원 시장경제연구실장)

6세 미만 어린이가 병원에 가서 입원하거나 6시간 이상 머물렀다면 본인 부담금이 없어 병원비가 무척 싸다. 1,030원만 내면 된다. 그런데 6시간 미만만 머물렀다면 본인 부담금을 내야 하기 때문에 병원비가 갑자기 많아진다. 53,000원이나 내야 한다. 만약 당신의 아이가 어딘가 아파서 병원을 찾았다면 어떻게 해야 할까? 치료가 끝나면 바로 올까 아니면 6시간 이상 머무르다 올까? 대답은 자명하다. 가능하면 6시간 이상을 머물러야 한다.

그런데 이것만이 아니다. 이런 제도가 있다는 것을 알게 된 젊은 주부들은 아이가 아픈 경우가 아닐 때도 이 제도를 잘 활용했다. 즉 동창회가 있거나 아니면 외출할 일이 생겨 6세 미만 아이를 맡기고 나가야 할 때면 이들은 아이를 맡길 수 있는 안전한 곳으로 병원을 찾는다. 아이를 안전하게 맡기고 마음껏 외출하고 돌아와도 비용은 1,030원이다. 이보다 안전하고 좋으며 값싼 탁아소가 어디 있는가?

국민연금관리공단의 홈페이지에는 이런 Q&A가 있다. 국민연금에 의무가입을 해야 하는 이유를 묻는 질문에 "만인은 일인을 위하여 그리고 일인은 만인을 위하여" 상부상조할 수 있는 가장 기본적인 전제조건이기 때문이라고 답하고 있다. 맞는 말이다. 이 전제조건이 무너지면 사회보험제도도 당연히 무너진다. 그런데 스스로 자문해 보고 또 물어보자. "나는 나를 위해서가 아니고 만인을 위해서 사는가? 그리고 당신은 당신이 아닌 만인을 위하여 사십니까?"

"일인은 만인을 위하여, 그리고 만인은 일인을 위하여"라고 하면 만인은 아픈 아이의 치료비를 대주고 아프지 않은 아이는 병원에 데려가지 말아야 한다. 동창회 모임 가자고 아이를 병원에 맡겨서는 안 된다. 또 아이가 아파 병원에 갔다 하더라도 치료가 끝나면 시간에 관계없이 바로 나와야 맞다. 그런데 사람들은 그렇게 하지 않는다. 가능하면 6시간 이상 머무르게 하고 아이가 아프지 않아도 외출할 때나 필요할 때 아이를 병원에 맡긴다. 이 제도가 시행되자마자 1년 만에 이 제도로 의료보험 급여가 급상승했다는 사실은 사람들이 "일인은 만인을 위하여 그리고 만인은 일인을 위하여" 행동하지 않는다는 것을 너무나 잘 보여준다.

게다가 위의 사례는 모 신문사가 '쏙쏙 재테크'라고 제목을 붙여 소개하고 있는 내용이다. 복지제도를 재테크의 하나로 잘 활용하라는 것이다. 어이없는 일이지만 이것이 현실이다. 그렇다면 왜 이런 일이 벌어질까?

사회보험제도 등 복지제도는 '연대·협동·단결'을 강조한다. 이것은 복지제도가 유지되기 위한 전제조건이다. 복지국가의 현실을 보면 세상의 어떤 복지국가도 애초의 약속을 지키지 못하고 중장기적으로 헤어나지 못하는 재정적 난관에 봉착한다. 우리도 예외가 아니어서 앞으로 40년~50년이 지나면 국민연금기금의 적립금이 바닥이 날 것이다. 이렇게 되는 이유는 복지제도의 전제조건인 '연대·협동·단결'이 무너졌기 때문이다.

'연대·협동·단결'은 과거 소규모공동체에서 통용되던 도덕이다. 친척과 친지들로만 구성되어 누가 무엇을 하고 누가 어디가 아프고 누구네 집에 무슨 경사가 있고 또 누구네 집에 슬픈 일이 벌어지고 있는지를 속속들이 잘 아는 소규모공동체에서 살아갈 때의 도덕이다. 공동의 일에 누구 하나라도 빠지면 금방 누구인지 파악이 가능했다. 그런데 현대 대규모사회에서는 앞집에 누가 사는지 옆집은 무엇을 하는지 알기도 어렵고 또 잘 알려고도 하지 않는다. 누구 한 사람 빠져도 그 사람이 누구인지도 모른다. 이런 대규모사회에서는 '연대·협동·단결'이 이루어질 수 없다. 대규모사회에 사는 사람들에게 필요한 것은 '연대·협동·단결'이 아닌 다른 도덕이다.

그럼에도 불구하고 소규모공동체에나 적합한 '연대·협동·단결'을 전제조건으로 하는 복지제도를 시행하니까 부작용이 생기는 것은 너무나 당연하다. 사람들은 그것을 악착같이 활용하고 이용하기 마련이다. 64억 원의 재산가, 해외여행을 1년이면 10회 이상 하는 사람들도 기초생활수급대상자로 등록하여 혜택을 받는다. 소규모공동체에서는 절대 불가능하지만 대규모공동체에서는 얼마든지 가능한 일이다.

소규모공동체에서나 가능했던 도덕인 '연대·협동·단결'을 5천만 명이 사는 대한민국과 같은 대규모사회에 적용하려 해서는 안 된다. 따라서 그러한 전제조건을 기초로 마련된 복지제도는 결코 지속가능하지 못하다. 복지제도는 그 기초부터 부실한 제도다. 실패는 이미 예정되어 있다.

국가 보일러,
누안치를 아시나요?

송덕진 (자유기업원 기획팀장)

중국의 매서운 겨울 추위를 책임지는 난방 시스템인 누안치(暖氣)는 우리나라 전통 난방방식인 온돌과 달리 라디에이터 방식으로 차가운 공기를 데워주는 역할을 한다. 중국 난방의 특이한 점은 날씨가 추워졌다고 해서 개인이 임의대로 틀 수 없다는 것이다. 중국 여행을 해본 경험이 있거나 거주해 본 외국인들은 이 누안치를 통해 밤새 추위에 떨면서 사회주의의 획일적 시스템을 몸소 경험할 수 있다.

사회주의 획일적 체제는 효율성 저해, 경제적 피폐를 불러와

중국은 한 보일러 회사가 반경 수 킬로미터 이내에 있는 모든 건물에 일괄적으로 난방을 공급하는 중앙공급난방 방식이다. 국가 규정에 따라 수도 북경을 기준으로 11월 15일부터 공급을 시작하고 이듬해 3월 15일에 중단한다. 11월 이전에 기온이 아무리 많이 떨어져 추워도 난방이 가동되는 11월 중순이 되기만을 기다리며 대부분 가정은 울며 겨자 먹기 식으로 전기히터나 전기장판에 의존해서 생활한다.

국가가 개별 가정의 난방까지 획일적으로 공급하다 보니 전체적으로 열 효율성은 떨어지고 결국 서비스를 사용하는 국민들의 불평과 고충만 높아졌다. 국가가 개인의 빈부격차를 줄이고 종합적인 운영 관리하기 위해서 모든 생산기반을 통제하는 것은 오히려 개인의 자유를 침해하고 성장을 더디게 하는 부작용만 가중시킨다. 이런 정책을 이끌기 위해서 무한대의 경제적 뒷받침이 있어야 하는데 현실적으로 실현 불가능하다.

대한민국의 사회주의화, 3무 1반 보편적 복지정책

지금 한국은 이른바 3무 1반 정책인 무상급식, 무상의료, 무상보육, 반값등록금 정책으로 전 국민을 복지의 대상으로 삼으려는 보편적 복지열풍이 불고 있다. 지난 무상급식 주민투표함을 열지 못하는 사태와 서울시장 선거에서 보편적 복지정책을 선거공약을 들고 나온 후보가 당선되어 국민들에게 보편적 복지가 달콤한 꿀처럼 다가오고 있다.

중국의 누안치(暖氣)처럼 전 국민을 대상으로 난방을 공급하려는 사회주의 획일적 정책과 보편적 복지정책은 일맥상통한다. 기회가 아닌 결과적 평등을 주장하는 보편 복지정책으로는 지속가능한 경제를 유지할 수 없다.

공공지출을 늘려 3무 1반 보편적 복지정책을 실현하고자 하면 자원 확보비용과 요소비용이 올라가 자원배분의 왜곡현상이 발생한다. 시장경제를 무시하는 사회주의 이념을 탑재한 정책이 난무하다는 것은 대한민국이 사회주의화되어 가고 있다는 현실을 여실히 보여주는 것이다.

국가가 통제하고 배급하며 국민은 그저 배급만 받는 존재로 전락하기 때문에 국가에 의해 이루어지는 3무 1반 보편적 정책은 복지의 추악한 모습이며 정부가 좌지우지하면서 획일적으로 통제하는 체제는 건전한 자유 시장경제을 병들게 하는 전염병과 같다. 보편적 복지는 결국 칼끝에 발린 꿀처럼 국민들의 혀를 찌를 것이다.

● 저자 리스트

권혁철	자유기업원 시장경제연구실장
김이석	자유기업원 객원연구위원
김인규	한림대 경제학과 교수
김인영	한림대 정치행정학과 교수
김정래	부산교육대 교수
김정호	자유기업원 원장
김종석	홍익대 경영학과 교수
김진국	배재대 아펜젤러국제학부 교수
민경국	강원대 경제학과 교수
박동운	단국대 명예교수
박영범	한성대 경제학과 교수
배진영	인제대 국제경상학부 교수
변양규	한국경제연구원 거시경제연구실장
손정식	한양대 경제금융학부 명예교수
송계충	충남대 경제학과 교수
송덕진	자유기업원 기획팀장
신중섭	강원대 윤리교육학과 교수
안재욱	경희대 경제학과 교수
옥동석	인천대 무역학과 교수
이병기	한국경제연구원 기업연구실장
임병인	충북대 경제학과 교수
전용덕	대구대 무역학과 교수
조영일	연세대 명예교수
좌승희	서울대 경제학부 겸임교수, 경기개발연구원 이사장
최 광	한국외국어대 경제학과 교수, 前 보건복지부 장관
최승노	자유기업원 대외협력실장
한진수	경인교육대 교수
허희영	한국항공대 경영학과 교수
현진권	아주대 경제학과 교수
황수연	경성대 행정학과 교수